AFRIKAANS

WOORDENSCHAT

THEMATISCHE WOORDENLIJST

NEDERLANDS
AFRIKAANS

De meest bruikbare woorden
Om uw woordenschat uit te breiden en
uw taalvaardigheid aan te scherpen

7000 woorden

Thematische woordenschat Nederlands-Afrikaans - 7000 woorden

Door Andrey Taranov

Woordenlijsten van T&P Books zijn bedoeld om u woorden van een vreemde taal te helpen leren, onthouden, en bestudering. Dit woordenboek is ingedeeld in thema's en behandelt alle belangrijk terreinen van het dagelijkse leven, bedrijven, wetenschap, cultuur, etc.

Het proces van het leren van woorden met behulp van de op thema's gebaseerde aanpak van T&P Books biedt u de volgende voordelen:

* Correct gegroepeerde informatie is bepalend voor succes bij opeenvolgende stadia van het leren van woorden
* De beschikbaarheid van woorden die van dezelfde stam zijn maakt het mogelijk om woordgroepen te onthouden (in plaats van losse woorden)
* Kleine groepen van woorden faciliteren het proces van het aanmaken van associatieve verbindingen, die nodig zijn bij het consolideren van de woordenschat
* Het niveau van talenkennis kan worden ingeschat door het aantal geleerde woorden

T&P Books Publishing
www.tpbooks.com

ISBN: 978-1-78716-516-8

Dit boek is ook beschikbaar in e-boek formaat.
Gelieve www.tpbooks.com te bezoeken of de belangrijkste online boekwinkels.

AFRIKAANSE WOORDENSCHAT
nieuwe woorden leren

T&P Books woordenlijsten zijn bedoeld om u te helpen vreemde woorden te leren, te onthouden, en te bestuderen. De woordenschat bevat meer dan 7000 veel gebruikte woorden die thematisch geordend zijn.

- De woordenlijst bevat de meest gebruikte woorden
- Aanbevolen als aanvulling bij welke taalcursus dan ook
- Voldoet aan de behoeften van de beginnende en gevorderde student in vreemde talen
- Geschikt voor dagelijks gebruik, bestudering en zelftestactiviteiten
- Maakt het mogelijk om uw woordenschat te evalueren

Bijzondere kenmerken van de woordenschat

- De woorden zijn gerangschikt naar hun betekenis, niet volgens alfabet
- De woorden worden weergegeven in drie kolommen om bestudering en zelftesten te vergemakkelijken
- Woorden in groepen worden verdeeld in kleine blokken om het leerproces te vergemakkelijken
- De woordenschat biedt een handige en eenvoudige beschrijving van elk buitenlands woord

De woordenschat bevat 198 onderwerpen zoals:

Basisconcepten, getallen, kleuren, maanden, seizoenen, meeteenheden, kleding en accessoires, eten & voeding, restaurant, familieleden, verwanten, karakter, gevoelens, emoties, ziekten, stad, dorp, bezienswaardigheden, winkelen, geld, huis, thuis, kantoor, werken op kantoor, import & export, marketing, werk zoeken, sport, onderwijs, computer, internet, gereedschap, natuur, landen, nationaliteiten en meer ...

INHOUDSOPGAVE

UITSPRAAKGIDS

T&P fonetisch alfabet	Afrikaans voorbeeld	Nederlands voorbeeld
[a]	land	acht
[ā]	straat	aan, maart
[æ]	hout	Nederlands Nedersaksisch - dät, Engels - cat
[o], [ɔ]	Australië	overeenkomst, bot
[e]	metaal	delen, spreken
[ɛ]	aanlê	elf, zwembad
[ə]	filter	formule, wachten
[ɪ]	uur	iemand, die
[i]	billik	bidden, tint
[ī]	naïef	team, iemand
[o]	koppie	overeenkomst
[ø]	akteur	neus, beu
[œ]	fluit	Duits - 'Hölle'
[u]	hulle	hoed, doe
[ʊ]	hout	hoed, doe
[b]	bakker	hebben
[d]	donder	Dank u, honderd
[f]	navraag	feestdag, informeren
[g]	burger	goal, tango
[h]	driehoek	het, herhalen
[j]	byvoeg	New York, januari
[k]	kamera	kennen, kleur
[l]	loon	delen, luchter
[m]	môre	morgen, etmaal
[n]	neef	nemen, zonder
[p]	pyp	parallel, koper
[r]	rigting	roepen, breken
[s]	oplos	spreken, kosten
[t]	lood, tenk	tomaat, taart
[v]	bewaar	beloven, schrijven
[w]	oorwinnaar	twee, willen
[z]	zoem	zeven, zesde
[dʒ]	enjin	jeans, jungle
[ʃ]	artisjok	shampoo, machine
[ŋ]	kans	optelling, jongeman
[tʃ]	tjek	Tsjechië, cello
[ʒ]	beige	journalist, rouge
[x]	agent	licht, school

AFKORTINGEN
gebruikt in de woordenschat

Nederlandse afkortingen

abn	-	als bijvoeglijk naamwoord
bijv.	-	bijvoorbeeld
bn	-	bijvoeglijk naamwoord
bw	-	bijwoord
enk.	-	enkelvoud
enz.	-	enzovoort
form.	-	formele taal
inform.	-	informele taal
mann.	-	mannelijk
mil.	-	militair
mv.	-	meervoud
on.ww.	-	onovergankelijk werkwoord
ontelb.	-	ontelbaar
ov.	-	over
ov.ww.	-	overgankelijk werkwoord
telb.	-	telbaar
vn	-	voornaamwoord
vrouw.	-	vrouwelijk
vw	-	voegwoord
vz	-	voorzetsel
wisk.	-	wiskunde
ww	-	werkwoord

Nederlandse artikelen

de	-	gemeenschappelijk geslacht
de/het	-	gemeenschappelijk geslacht, onzijdig
het	-	onzijdig

BASISBEGRIPPEN

Basisbegrippen Deel 1

1. Voornaamwoorden

| ik | ek, my | [ɛk], [maj] |
| jij, je | jy | [jaj] |

hij	hy	[haj]
zij, ze	sy	[saj]
het	dit	[dit]

wij, we	ons	[ɔŋs]
jullie	julle	[jullə]
U (form., enk.)	u	[u]
U (form., mv.)	u	[u]
zij, ze	hulle	[hullə]

2. Begroetingen. Begroetingen. Afscheid

Hallo!	**Hallo!**	[hallo!]
Goedemorgen!	**Goeie môre!**	[χuje mɔrə!]
Goedemiddag!	**Goeiemiddag!**	[χuje·middaχ!]
Goedenavond!	**Goeienaand!**	[χuje·nãnt!]

gedag zeggen (groeten)	**dagsê**	[daχsɛ:]
Hoi!	**Hallo!**	[hallo!]
groeten (het)	**groet**	[χrut]
verwelkomen (ww)	**groet**	[χrut]
Hoe gaat het?	**Hoe gaan dit?**	[hu χãn dit?]
Hoe gaat het met u?	**Hoe gaan dit?**	[hu χãn dit?]
Is er nog nieuws?	**Hoe gaan dit?**	[hu χãn dit?]

Dag! Tot ziens!	**Totsiens!**	[totsiŋs!]
Tot ziens! (form.)	**Totsiens!**	[totsiŋs!]
Doei!	**Koebaai!**	[kubãi!]
Tot snel! Tot ziens!	**Totsiens!**	[totsiŋs!]
Vaarwel!	**Totsiens!**	[totsiŋs!]
afscheid nemen (ww)	**afskeid neem**	[afskæjt neəm]
Tot kijk!	**Koebaai!**	[kubãi!]

Dank u!	**Dankie!**	[danki!]
Dank u wel!	**Baie dankie!**	[baje danki!]
Graag gedaan	**Plesier**	[plesir]
Geen dank!	**Plesier!**	[plesir!]
Geen moeite.	**Plesier**	[plesir]

| Excuseer me, ... | Verskoon my! | [ferskoən maj!] |
| excuseren (verontschuldigen) | verskoon | [ferskoən] |

zich verontschuldigen	verskoning vra	[ferskoniŋ fra]
Mijn excuses.	Verskoning	[ferskoniŋ]
Het spijt me!	Ek is jammer!	[ɛk is jammər!]
vergeven (ww)	vergewe	[ferχevə]
Maakt niet uit!	Maak nie saak nie!	[māk ni sāk ni!]
alsjeblieft	asseblief	[asseblif]

Vergeet het niet!	Vergeet dit nie!	[ferχeət dit ni!]
Natuurlijk!	Beslis!	[beslis!]
Natuurlijk niet!	Natuurlik nie!	[natɪrlik ni!]
Akkoord!	OK!	[okej!]
Zo is het genoeg!	Dis genoeg!	[dis χenuχ!]

3. Kardinale getallen. Deel 1

nul	nul	[nul]
een	een	[eən]
twee	twee	[tweə]
drie	drie	[dri]
vier	vier	[fir]

vijf	vyf	[fajf]
zes	ses	[ses]
zeven	sewe	[sevə]
acht	ag	[aχ]
negen	nege	[neχə]

tien	tien	[tin]
elf	elf	[ɛlf]
twaalf	twaalf	[twālf]
dertien	dertien	[dertin]
veertien	veertien	[feərtin]

vijftien	vyftien	[fajftin]
zestien	sestien	[sestin]
zeventien	sewetien	[sevətin]
achttien	agtien	[aχtin]
negentien	negetien	[neχetin]

twintig	twintig	[twintəχ]
eenentwintig	een-en-twintig	[eən-en-twintəχ]
tweeëntwintig	twee-en-twintig	[tweə-en-twintəχ]
drieëntwintig	drie-en-twintig	[dri-en-twintəχ]

dertig	dertig	[dertəχ]
eenendertig	een-en-dertig	[eən-en-dertəχ]
tweeëndertig	twee-en-dertig	[tweə-en-dertəχ]
drieëndertig	drie-en-dertig	[dri-en-dertəχ]

| veertig | veertig | [feərtəχ] |
| eenenveertig | een-en-veertig | [eən-en-feərtəχ] |

tweeënveertig	**twee-en-veertig**	[tweə-en-feərtəχ]
drieënveertig	**vier-en-veertig**	[fir-en-feərtəχ]
vijftig	**vyftig**	[fajftəχ]
eenenvijftig	**een-en-vyftig**	[eən-en-fajftəχ]
tweeënvijftig	**twee-en-vyftig**	[tweə-en-fajftəχ]
drieënvijftig	**drie-en-vyftig**	[dri-en-fajftəχ]
zestig	**sestig**	[sestəχ]
eenenzestig	**een-en-sestig**	[eən-en-sestəχ]
tweeënzestig	**twee-en-sestig**	[tweə-en-sestəχ]
drieënzestig	**drie-en-sestig**	[dri-en-sestəχ]
zeventig	**sewentig**	[seventəχ]
eenenzeventig	**een-en-sewentig**	[eən-en-seventəχ]
tweeënzeventig	**twee-en-sewentig**	[tweə-en-seventəχ]
drieënzeventig	**drie-en-sewentig**	[dri-en-seventəχ]
tachtig	**tagtig**	[taχtəχ]
eenentachtig	**een-en-tagtig**	[eən-en-taχtəχ]
tweeëntachtig	**twee-en-tagtig**	[tweə-en-taχtəχ]
drieëntachtig	**drie-en-tagtig**	[dri-en-taχtəχ]
negentig	**negentig**	[neχentəχ]
eenennegentig	**een-en-negentig**	[eən-en-neχentəχ]
tweeënnegentig	**twee-en-negentig**	[tweə-en-neχentəχ]
drieënnegentig	**drie-en-negentig**	[dri-en-neχentəχ]

4. Kardinale getallen. Deel 2

honderd	**honderd**	[hondərt]
tweehonderd	**tweehonderd**	[twee·hondərt]
driehonderd	**driehonderd**	[dri·hondərt]
vierhonderd	**vierhonderd**	[fir·hondərt]
vijfhonderd	**vyfhonderd**	[fajf·hondərt]
zeshonderd	**seshonderd**	[ses·hondərt]
zevenhonderd	**sewehonderd**	[seve·hondərt]
achthonderd	**aghonderd**	[aχ·hondərt]
negenhonderd	**negehonderd**	[neχə·hondərt]
duizend	**duisend**	[dœisent]
tweeduizend	**tweeduisend**	[twee·dœisent]
drieduizend	**drieduisend**	[dri·dœisent]
tienduizend	**tienduisend**	[tin·dœisent]
honderdduizend	**honderdduisend**	[hondərt·dajsent]
miljoen (het)	**miljoen**	[miljun]
miljard (het)	**miljard**	[miljart]

5. Getallen. Breuken

breukgetal (het)	**breuk**	[brøək]
half	**helfte**	[hɛlftə]

| een derde | derde | [derdə] |
| kwart | kwart | [kwart] |

een achtste	agste	[aχstə]
een tiende	tiende	[tində]
twee derde	twee derde	[tweə derdə]
driekwart	driekwart	[drikwart]

6. Getallen. Eenvoudige berekeningen

aftrekking (de)	aftrekking	[aftrɛkkiŋ]
aftrekken (ww)	aftrek	[aftrek]
deling (de)	deling	[deliŋ]
delen (ww)	deel	[deəl]

optelling (de)	optelling	[optɛlliŋ]
erbij optellen	optel	[optəl]
(bij elkaar voegen)		
optellen (ww)	optel	[optəl]
vermenigvuldiging (de)	vermenigvuldiging	[fermeniχ·fuldəχiŋ]
vermenigvuldigen (ww)	vermenigvuldig	[fermeniχ·fuldəχ]

7. Getallen. Diversen

cijfer (het)	syfer	[sajfər]
nummer (het)	nommer	[nommər]
telwoord (het)	telwoord	[tɛlwoərt]
minteken (het)	minusteken	[minus·tekən]

| plusteken (het) | plusteken | [plus·tekən] |
| formule (de) | formule | [formulə] |

| berekening (de) | berekening | [berekeniŋ] |
| tellen (ww) | tel | [təl] |

| bijrekenen (ww) | optel | [optəl] |
| vergelijken (ww) | vergelyk | [ferχəlajk] |

| Hoeveel? | Hoeveel? | [hufeəl?] |
| som (de), totaal (het) | som, totaal | [som], [totāl] |

| uitkomst (de) | resultaat | [resultāt] |
| rest (de) | oorskot | [oərskot] |

weinig (bw)	min	[min]
restant (het)	die res	[di res]
dozijn (het)	dosyn	[dosajn]

middendoor (bw)	middeldeur	[middəldøər]
even (bw)	gelyk	[χelajk]
helft (de)	helfte	[hɛlftə]
keer (de)	maal	[māl]

15

8. De belangrijkste werkwoorden. Deel 1

aanbevelen (ww)	aanbeveel	[ãnbefeəl]
aandringen (ww)	aandring	[ãndriŋ]
aankomen (per auto, enz.)	aankom	[ãnkom]
aanraken (ww)	aanraak	[ãnrãk]
adviseren (ww)	aanraai	[ãnrãi]

afdalen (on.ww.)	afkom	[afkom]
afslaan (naar rechts ~)	draai	[drãi]
antwoorden (ww)	antwoord	[antwoərt]
bang zijn (ww)	bang wees	[baŋ veəs]
bedreigen (bijv. met een pistool)	dreig	[dræjχ]

bedriegen (ww)	bedrieg	[bedrəχ]
beëindigen (ww)	klaarmaak	[klãrmãk]
beginnen (ww)	begin	[beχin]
begrijpen (ww)	verstaan	[ferstãn]
beheren (managen)	beheer	[beheər]
beledigen (met scheldwoorden)	beledig	[beledəχ]

beloven (ww)	beloof	[beloəf]
bereiden (koken)	kook	[koək]
bespreken (spreken over)	bespreek	[bespreək]

bestellen (eten ~)	bestel	[bestəl]
bestraffen (een stout kind ~)	straf	[straf]
betalen (ww)	betaal	[betãl]
betekenen (beduiden)	beteken	[betekən]
betreuren (ww)	jammer wees	[jammər veəs]
bevallen (prettig vinden)	hou van	[hæʊ fan]
bevelen (mil.)	beveel	[befeəl]
bevrijden (stad, enz.)	bevry	[befraj]
bewaren (ww)	bewaar	[bevãr]
bezitten (ww)	besit	[besit]

bidden (praten met God)	bid	[bit]
binnengaan (een kamer ~)	binnegaan	[binnəχãn]
breken (ww)	breek	[breək]
controleren (ww)	kontroleer	[kontroleər]
creëren (ww)	skep	[skep]

deelnemen (ww)	deelneem	[deəlneəm]
denken (ww)	dink	[dink]
doden (ww)	doodmaak	[doədmãk]
doen (ww)	doen	[dun]
dorst hebben (ww)	dors wees	[dors veəs]

9. De belangrijkste werkwoorden. Deel 2

eisen (met klem vragen)	eis	[æjs]
excuseren (vergeven)	verskoon	[ferskoən]

| existeren (bestaan) | bestaan | [bestān] |
| gaan (te voet) | gaan | [χān] |

gaan zitten (ww)	gaan sit	[χān sit]
gaan zwemmen	gaan swem	[χān swem]
geven (ww)	gee	[χeə]
glimlachen (ww)	glimlag	[χlimlaχ]
goed raden (ww)	raai	[rāi]

| grappen maken (ww) | grappies maak | [χrappis māk] |
| graven (ww) | grawe | [χravə] |

hebben (ww)	hê	[hɛ:]
helpen (ww)	help	[hɛlp]
herhalen (opnieuw zeggen)	herhaal	[herhāl]
honger hebben (ww)	honger wees	[hoŋər veəs]

hopen (ww)	hoop	[hoəp]
horen	hoor	[hoər]
(waarnemen met het oor)		
huilen (wenen)	huil	[hœil]
huren (huis, kamer)	huur	[hɪr]
informeren (informatie geven)	in kennis stel	[in kɛnnis stəl]

instemmen (akkoord gaan)	saamstem	[sāmstem]
jagen (ww)	jag	[jaχ]
kennen (kennis hebben	ken	[ken]
van iemand)		
kiezen (ww)	kies	[kis]
klagen (ww)	kla	[kla]

kosten (ww)	kos	[kos]
kunnen (ww)	kan	[kan]
lachen (ww)	lag	[laχ]
laten vallen (ww)	laat val	[lāt fal]
lezen (ww)	lees	[leəs]

liefhebben (ww)	liefhê	[lifhɛ:]
lunchen (ww)	gaan eet	[χān eət]
nemen (ww)	vat	[fat]
nodig zijn (ww)	nodig wees	[nodəχ veəs]

10. De belangrijkste werkwoorden. Deel 3

onderschatten (ww)	onderskat	[ondərskat]
ondertekenen (ww)	teken	[tekən]
ontbijten (ww)	ontbyt	[ontbajt]
openen (ww)	oopmaak	[oəpmāk]
ophouden (ww)	ophou	[ophæʊ]
opmerken (zien)	raaksien	[rāksin]

opscheppen (ww)	spog	[spoχ]
opschrijven (ww)	opskryf	[opskrajf]
plannen (ww)	beplan	[beplan]

prefereren (verkiezen)	verkies	[ferkis]
proberen (trachten)	probeer	[probeǝr]
redden (ww)	red	[ret]

rekenen op ...	reken op ...	[reken op ...]
rennen (ww)	hardloop	[hardloǝp]
reserveren	bespreek	[bespreǝk]
(een hotelkamer ~)		
roepen (om hulp)	roep	[rup]
schieten (ww)	skiet	[skit]
schreeuwen (ww)	skreeu	[skriʊ]

schrijven (ww)	skryf	[skrajf]
souperen (ww)	aandete gebruik	[ãndetǝ χebrœik]
spelen (kinderen)	speel	[speǝl]
spreken (ww)	praat	[prãt]
stelen (ww)	steel	[steǝl]
stoppen (pauzeren)	stilhou	[stilhæʊ]

studeren (Nederlands ~)	studeer	[studeǝr]
sturen (zenden)	stuur	[stɪr]
tellen (optellen)	tel	[tǝl]
toebehoren aan ...	behoort aan ...	[behoǝrt ãn ...]
toestaan (ww)	toestaan	[tustãn]
tonen (ww)	wys	[vajs]

twijfelen (onzeker zijn)	twyfel	[twajfǝl]
uitgaan (ww)	uitgaan	[œitχãn]
uitnodigen (ww)	uitnooi	[œitnoj]
uitspreken (ww)	uitspreek	[œitspreǝk]
uitvaren tegen (ww)	uitvaar teen	[œitfãr teǝn]

11. De belangrijkste werkwoorden. Deel 4

vallen (ww)	val	[fal]
vangen (ww)	vang	[faŋ]
veranderen (anders maken)	verander	[fǝrandǝr]
verbaasd zijn (ww)	verbaas wees	[ferbãs veǝs]
verbergen (ww)	wegsteek	[veχsteǝk]

verdedigen (je land ~)	verdedig	[ferdedǝχ]
verenigen (ww)	verenig	[ferenǝχ]
vergelijken (ww)	vergelyk	[ferχǝlajk]
vergeten (ww)	vergeet	[ferχeǝt]
vergeven (ww)	vergewe	[ferχevǝ]

verklaren (uitleggen)	verduidelik	[ferdœidǝlik]
verkopen (per stuk ~)	verkoop	[ferkoǝp]
vermelden (praten over)	verwys na	[ferwajs na]
versieren (decoreren)	versier	[fersir]
vertalen (ww)	vertaal	[fertãl]

| vertrouwen (ww) | vertrou | [fertræʊ] |
| vervolgen (ww) | aangaan | [ãnχãn] |

verwarren (met elkaar ~)	verwar	[ferwar]
verzoeken (ww)	vra	[fra]
verzuimen (school, enz.)	bank	[bank]

vinden (ww)	vind	[fint]
vliegen (ww)	vlieg	[fliχ]
volgen (ww)	volg ...	[folχ ...]
voorstellen (ww)	voorstel	[foərstəl]
voorzien (verwachten)	voorsien	[foərsin]
vragen (ww)	vra	[fra]

waarnemen (ww)	waarneem	[vãrneəm]
waarschuwen (ww)	waarsku	[vãrsku]
wachten (ww)	wag	[vaχ]
weerspreken (ww)	beswaar maak	[beswãr mãk]
weigeren (ww)	weier	[væjer]

werken (ww)	werk	[verk]
weten (ww)	weet	[veət]
willen (verlangen)	wil	[vil]
zeggen (ww)	sê	[sɛ:]
zich haasten (ww)	opskud	[opskut]

zich interesseren voor ...	belangstel in ...	[belaŋstəl in ...]
zich verontschuldigen	verskoning vra	[ferskoniŋ fra]
zien (ww)	sien	[sin]

zijn (ww)	wees	[veəs]
zoeken (ww)	soek ...	[suk ...]
zwemmen (ww)	swem	[swem]
zwijgen (ww)	stilbly	[stilblaj]

12. Kleuren

kleur (de)	kleur	[kløər]
tint (de)	skakering	[skakeriŋ]
kleurnuance (de)	tint	[tint]
regenboog (de)	reënboog	[reɛn·boeχ]

wit (bn)	wit	[vit]
zwart (bn)	swart	[swart]
grijs (bn)	grys	[χrajs]

groen (bn)	groen	[χrun]
geel (bn)	geel	[χeəl]
rood (bn)	rooi	[roj]

blauw (bn)	blou	[blæʊ]
lichtblauw (bn)	ligblou	[liχ·blæʊ]
roze (bn)	pienk	[pink]
oranje (bn)	oranje	[oranje]
violet (bn)	pers	[pers]
bruin (bn)	bruin	[brœin]
goud (bn)	goue	[χæʊə]

zilverkleurig (bn)	silweragtig	[silweraχtəχ]
beige (bn)	beige	[bɛ:iʒ]
roomkleurig (bn)	roomkleurig	[roəm·kløərəχ]
turkoois (bn)	turkoois	[turkojs]
kersrood (bn)	kersierooi	[kersi·roj]
lila (bn)	lila	[lila]
karmijnrood (bn)	karmosyn	[karmosajn]

licht (bn)	lig	[liχ]
donker (bn)	donker	[donkər]
fel (bn)	helder	[hɛldər]

kleur-, kleurig (bn)	kleurig	[kløərəχ]
kleuren- (abn)	kleur	[kløər]
zwart-wit (bn)	swart-wit	[swart-wit]
eenkleurig (bn)	effe	[ɛffə]
veelkleurig (bn)	veelkleurig	[feəlkløərəχ]

13. Vragen

Wie?	Wie?	[vi?]
Wat?	Wat?	[vat?]
Waar?	Waar?	[vär?]
Waarheen?	Waarheen?	[värheən?]
Waarvandaan?	Waarvandaan?	[värfandän?]
Wanneer?	Wanneer?	[vanneər?]
Waarom?	Hoekom?	[hukom?]
Waarom?	Hoekom?	[hukom?]

Waarvoor dan ook?	Vir wat?	[fir vat?]
Hoe?	Hoe?	[hu?]
Wat voor ...?	Watter?	[vattər?]
Welk?	Watter een?	[vattər eən?]

Aan wie?	Vir wie?	[fir vi?]
Over wie?	Oor wie?	[oər vi?]
Waarover?	Oor wat?	[oər vat?]
Met wie?	Met wie?	[met vi?]
Hoeveel?	Hoeveel?	[hufeəl?]

14. Functiewoorden. Bijwoorden. Deel 1

Waar?	Waar?	[vär?]
hier (bw)	hier	[hir]
daar (bw)	daar	[där]

| ergens (bw) | êrens | [ærɛŋs] |
| nergens (bw) | nêrens | [nærɛŋs] |

bij ... (in de buurt)	by	[baj]
bij het raam	by	[baj]
Waarheen?	Waarheen?	[värheən?]

hierheen (bw)	hier	[hir]
daarheen (bw)	soontoe	[soentu]
hiervandaan (bw)	hiervandaan	[hirfandān]
daarvandaan (bw)	daarvandaan	[dārfandān]
dichtbij (bw)	naby	[nabaj]
ver (bw)	ver	[fɛr]
in de buurt (van …)	naby	[nabaj]
dichtbij (bw)	naby	[nabaj]
niet ver (bw)	nie ver nie	[ni fər ni]
linker (bn)	linker-	[linkər-]
links (bw)	op linkerhand	[op linkərhant]
linksaf, naar links (bw)	na links	[na links]
rechter (bn)	regter	[reχtər]
rechts (bw)	op regterhand	[op reχtərhant]
rechtsaf, naar rechts (bw)	na regs	[na reχs]
vooraan (bw)	voor	[foər]
voorste (bn)	voorste	[foərstə]
vooruit (bw)	vooruit	[foərœit]
achter (bw)	agter	[aχtər]
van achteren (bw)	van agter	[fan aχtər]
achteruit (naar achteren)	agtertoe	[aχtərtu]
midden (het)	middel	[middəl]
in het midden (bw)	in die middel	[in di middəl]
opzij (bw)	op die sykant	[op di sajkant]
overal (bw)	orals	[orals]
omheen (bw)	orals rond	[orals ront]
binnenuit (bw)	van binne	[fan binnə]
naar ergens (bw)	êrens	[ærɛŋs]
rechtdoor (bw)	reguit	[reχœit]
terug (bijv. ~ komen)	terug	[teruχ]
ergens vandaan (bw)	êrens vandaan	[ærɛŋs fandān]
ergens vandaan	êrens vandaan	[ærɛŋs fandān]
(en dit geld moet ~ komen)		
ten eerste (bw)	in die eerste plek	[in di eərstə plek]
ten tweede (bw)	in die tweede plek	[in di tweədə plek]
ten derde (bw)	in die derde plek	[in di derdə plek]
plotseling (bw)	skielik	[skilik]
in het begin (bw)	aan die begin	[ān di beχin]
voor de eerste keer (bw)	vir die eerste keer	[fir di eərstə keər]
lang voor … (bw)	lank voordat …	[lank foərdat …]
opnieuw (bw)	opnuut	[opnɪt]
voor eeuwig (bw)	vir goed	[fir χut]
nooit (bw)	nooit	[nojt]
weer (bw)	weer	[veər]

nu (bw)	nou	[næʊ]
vaak (bw)	dikwels	[dikwɛls]
toen (bw)	toe	[tu]
urgent (bw)	dringend	[driŋən]
meestal (bw)	gewoonlik	[xevoənlik]

trouwens, ... (tussen haakjes)	terloops, ...	[terloəps], [...]
mogelijk (bw)	moontlik	[moentlik]
waarschijnlijk (bw)	waarskynlik	[vārskajnlik]
misschien (bw)	dalk	[dalk]
trouwens (bw)	trouens...	[træʊɛŋs...]
daarom ...	dis hoekom ...	[dis hukom ...]
in weerwil van ...	ondanks ...	[ondanks ...]
dankzij ...	danksy ...	[danksaj ...]

wat (vn)	wat	[vat]
dat (vw)	dat	[dat]
iets (vn)	iets	[its]
iets	iets	[its]
niets (vn)	niks	[niks]

wie (~ is daar?)	wie	[vi]
iemand (een onbekende)	iemand	[imant]
iemand (een bepaald persoon)	iemand	[imant]

niemand (vn)	niemand	[nimant]
nergens (bw)	nêrens	[nærɛŋs]
niemands (bn)	niemand se	[nimant sə]
iemands (bn)	iemand se	[imant sə]

zo (Ik ben ~ blij)	so	[so]
ook (evenals)	ook	[oək]
alsook (eveneens)	ook	[oək]

15. Functiewoorden. Bijwoorden. Deel 2

| Waarom? | Waarom? | [vārom?] |
| omdat ... | omdat ... | [omdat ...] |

en (vw)	en	[ɛn]
of (vw)	of	[of]
maar (vw)	maar	[mār]
voor (vz)	vir	[fir]

te (~ veel mensen)	te	[te]
alleen (bw)	net	[net]
precies (bw)	presies	[presis]
ongeveer (~ 10 kg)	ongeveer	[onχəfeər]

omstreeks (bw)	ongeveer	[onχəfeər]
bij benadering (bn)	geraamde	[χerāmdə]
bijna (bw)	amper	[ampər]

rest (de)	die res	[di res]
de andere (tweede)	die ander	[di andər]
ander (bn)	ander	[andər]
elk (bn)	elke	[ɛlkə]
om het even welk	enige	[ɛniχə]
veel (grote hoeveelheid)	baie	[baje]
veel mensen	baie mense	[baje mɛŋsə]
iedereen (alle personen)	almal	[almal]
in ruil voor ...	in ruil vir...	[in rœil fir...]
in ruil (bw)	as vergoeding	[as ferχudiŋ]
met de hand (bw)	met die hand	[met di hant]
onwaarschijnlijk (bw)	skaars	[skãrs]
waarschijnlijk (bw)	waarskynlik	[vãrskajnlik]
met opzet (bw)	opsetlik	[opsetlik]
toevallig (bw)	toevallig	[tufalləχ]
zeer (bw)	baie	[baje]
bijvoorbeeld (bw)	byvoorbeeld	[bajfoərbeəlt]
tussen (~ twee steden)	tussen	[tussən]
tussen (te midden van)	tussen	[tussən]
zoveel (bw)	so baie	[so baje]
vooral (bw)	veral	[feral]

Basisbegrippen Deel 2

16. Dagen van de week

maandag (de)	**Maandag**	[mãndaχ]
dinsdag (de)	**Dinsdag**	[dinsdaχ]
woensdag (de)	**Woensdag**	[vɔɛŋsdaχ]
donderdag (de)	**Donderdag**	[dondərdaχ]
vrijdag (de)	**Vrydag**	[frajdaχ]
zaterdag (de)	**Saterdag**	[satərdaχ]
zondag (de)	**Sondag**	[sondaχ]
vandaag (bw)	**vandag**	[fandaχ]
morgen (bw)	**môre**	[mɔrə]
overmorgen (bw)	**oormôre**	[oərmɔrə]
gisteren (bw)	**gister**	[χistər]
eergisteren (bw)	**eergister**	[eərχistər]
dag (de)	**dag**	[daχ]
werkdag (de)	**werksdag**	[verks·daχ]
feestdag (de)	**openbare vakansiedag**	[openbarə fakaŋsi·daχ]
verlofdag (de)	**verlofdag**	[ferlofdaχ]
weekend (het)	**naweek**	[naveək]
de hele dag (bw)	**die hele dag**	[di helə daχ]
de volgende dag (bw)	**die volgende dag**	[di folχendə daχ]
twee dagen geleden	**twee dae gelede**	[tweə daə χeledə]
aan de vooravond (bw)	**die dag voor**	[di daχ foər]
dag-, dagelijks (bn)	**daeliks**	[daeliks]
elke dag (bw)	**elke dag**	[ɛlkə daχ]
week (de)	**week**	[veək]
vorige week (bw)	**laas week**	[lãs veək]
volgende week (bw)	**volgende week**	[folχendə veək]
wekelijks (bn)	**weekliks**	[veəkliks]
elke week (bw)	**weekliks**	[veəkliks]
elke dinsdag	**elke Dinsdag**	[ɛlkə dinsdaχ]

17. Uren. Dag en nacht

morgen (de)	**oggend**	[oχent]
's morgens (bw)	**soggens**	[soχɛŋs]
middag (de)	**middag**	[middaχ]
's middags (bw)	**in die namiddag**	[in di namiddaχ]
avond (de)	**aand**	[ãnt]
's avonds (bw)	**saans**	[sãŋs]
nacht (de)	**nag**	[naχ]

| 's nachts (bw) | snags | [snaχs] |
| middernacht (de) | middernag | [middərnaχ] |

seconde (de)	sekonde	[sekondə]
minuut (de)	minuut	[minɪt]
uur (het)	uur	[ɪr]
halfuur (het)	n halfuur	[n halfɪr]
vijftien minuten	vyftien minute	[fajftin minutə]
etmaal (het)	24 ure	[fir-en-twintəχ urə]

zonsopgang (de)	sonop	[son·op]
dageraad (de)	daeraad	[daerāt]
vroege morgen (de)	elke oggend	[ɛlkə oχent]
zonsondergang (de)	sononder	[son·ondər]

's morgens vroeg (bw)	vroegdag	[fruχdaχ]
vanmorgen (bw)	vanmôre	[fanmɔrə]
morgenochtend (bw)	môreoggend	[mɔrə·oχent]

vanmiddag (bw)	vanmiddag	[fanmiddaχ]
's middags (bw)	in die namiddag	[in di namiddaχ]
morgenmiddag (bw)	môremiddag	[mɔrə·middaχ]

| vanavond (bw) | vanaand | [fanānt] |
| morgenavond (bw) | môreaand | [mɔrə·ānt] |

klokslag drie uur	klokslag 3 uur	[klokslaχ dri ɪr]
ongeveer vier uur	omstreeks 4 uur	[omstreəks fir ɪr]
tegen twaalf uur	teen 12 uur	[teən twalf ɪr]

| over twintig minuten | oor twintig minute | [oər twintəχ minutə] |
| op tijd (bw) | betyds | [betajds] |

kwart voor …	kwart voor …	[kwart foər …]
elk kwartier	elke 15 minute	[ɛlkə fajftin minutə]
de klok rond	24 uur per dag	[fir-en-twintəχ pər daχ]

18. Maanden. Seizoenen

januari (de)	**Januarie**	[januari]
februari (de)	**Februarie**	[februari]
maart (de)	**Maart**	[mãrt]
april (de)	**April**	[april]
mei (de)	**Mei**	[mæj]
juni (de)	**Junie**	[juni]

juli (de)	**Julie**	[juli]
augustus (de)	**Augustus**	[ɔuχustus]
september (de)	**September**	[septembər]
oktober (de)	**Oktober**	[oktobər]
november (de)	**November**	[nofembər]
december (de)	**Desember**	[desembər]
lente (de)	**lente**	[lentə]
in de lente (bw)	**in die lente**	[in di lentə]

lente- (abn)	lente-	[lente-]
zomer (de)	somer	[somər]
in de zomer (bw)	in die somer	[in di somər]
zomer-, zomers (bn)	somerse	[somersə]

herfst (de)	herfs	[herfs]
in de herfst (bw)	in die herfs	[in di herfs]
herfst- (abn)	herfsagtige	[herfsaχtiχə]

winter (de)	winter	[vintər]
in de winter (bw)	in die winter	[in di vintər]
winter- (abn)	winter-	[vintər-]

maand (de)	maand	[mānt]
deze maand (bw)	hierdie maand	[hirdi mānt]
volgende maand (bw)	volgende maand	[folχendə mānt]
vorige maand (bw)	laasmaand	[lāsmānt]

over twee maanden (bw)	oor twe maande	[oər twə māndə]
de hele maand (bw)	die hele maand	[di helə mānt]

maand-, maandelijks (bn)	maandeliks	[māndəliks]
maandelijks (bw)	maandeliks	[māndəliks]
elke maand (bw)	elke maand	[ɛlkə mānt]

jaar (het)	jaar	[jār]
dit jaar (bw)	hierdie jaar	[hirdi jār]
volgend jaar (bw)	volgende jaar	[folχendə jār]
vorig jaar (bw)	laasjaar	[lāʃār]

over twee jaar	binne twee jaar	[binnə tweə jār]
het hele jaar	die hele jaar	[di helə jār]

elk jaar	elke jaar	[ɛlkə jār]
jaar-, jaarlijks (bn)	jaarliks	[jārliks]
jaarlijks (bw)	jaarliks	[jārliks]
4 keer per jaar	4 keer per jaar	[fir keər pər jār]

datum (de)	datum	[datum]
datum (de)	datum	[datum]
kalender (de)	kalender	[kalendər]

zes maanden	ses maande	[ses māndə]
seizoen (bijv. lente, zomer)	seisoen	[sæejsun]
eeuw (de)	eeu	[iʊ]

19. Tijd. Diversen

tijd (de)	tyd	[tajt]
ogenblik (het)	moment	[moment]
moment (het)	oomblik	[oəmblik]
ogenblikkelijk (bn)	oombliklik	[oəmbliklik]
tijdsbestek (het)	tydbestek	[tajdbestək]
leven (het)	lewe	[levə]

eeuwigheid (de)	ewigheid	[ɛviχæjt]
epoche (de), tijdperk (het)	tydperk	[tajtperk]
era (de), tijdperk (het)	tydperk	[tajtperk]
cyclus (de)	siklus	[siklus]
periode (de)	periode	[periodə]
termijn (vastgestelde periode)	termyn	[termajn]

toekomst (de)	die toekoms	[di tukoms]
toekomstig (bn)	toekomstig	[tukomstəχ]
de volgende keer	die volgende keer	[di folχendə keər]
verleden (het)	die verlede	[di ferledə]
vorig (bn)	laas-	[lãs-]
de vorige keer	die vorige keer	[di foriχə keər]

later (bw)	later	[latər]
na (~ het diner)	na	[na]
tegenwoordig (bw)	deesdae	[deəsdaə]
nu (bw)	nou	[næʊ]
onmiddellijk (bw)	onmiddellik	[onmiddɛllik]
snel (bw)	gou	[χæʊ]
bij voorbaat (bw)	by voorbaat	[baj foərbãt]

lang geleden (bw)	lank gelede	[lank χeledə]
kort geleden (bw)	onlangs	[onlaŋs]
noodlot (het)	noodlot	[noədlot]
herinneringen (mv.)	herinneringe	[herinneriŋə]
archief (het)	argiewe	[arχivə]

tijdens ... (ten tijde van)	gedurende ...	[χedurendə ...]
lang (bw)	lank	[lank]
niet lang (bw)	nie lank nie	[ni lank ni]
vroeg (bijv. ~ in de ochtend)	vroeg	[fruχ]
laat (bw)	laat	[lãt]

voor altijd (bw)	vir altyd	[fir altajt]
beginnen (ww)	begin	[beχin]
uitstellen (ww)	uitstel	[œitstəl]

tegelijkertijd (bw)	tegelykertyd	[teχelajkertajt]
voortdurend (bw)	permanent	[permanent]
voortdurend	voortdurend	[foərtdurent]
tijdelijk (bn)	tydelik	[tajdelik]

soms (bw)	soms	[soms]
zelden (bw)	selde	[sɛldə]
vaak (bw)	dikwels	[dikwɛls]

20. Tegenovergestelden

rijk (bn)	ryk	[rajk]
arm (bn)	arm	[arm]

ziek (bn)	siek	[sik]
gezond (bn)	gesond	[χesont]

groot (bn)	groot	[xroət]
klein (bn)	klein	[klæjn]
snel (bw)	vinnig	[finnəx]
langzaam (bw)	stadig	[stadəx]
snel (bn)	vinnig	[finnəx]
langzaam (bn)	stadig	[stadəx]
vrolijk (bn)	bly	[blaj]
treurig (bn)	droewig	[druvəx]
samen (bw)	saam	[sãm]
apart (bw)	afsonderlik	[afsondərlik]
hardop (~ lezen)	hardop	[hardop]
stil (~ lezen)	stil	[stil]
hoog (bn)	groot	[xroət]
laag (bn)	laag	[lãx]
diep (bn)	diep	[dip]
ondiep (bn)	vlak	[flak]
ja	ja	[ja]
nee	nee	[neə]
ver (bn)	ver	[fer]
dicht (bn)	naby	[nabaj]
ver (bw)	ver	[fer]
dichtbij (bw)	naby	[nabaj]
lang (bn)	lang	[lan]
kort (bn)	kort	[kort]
vriendelijk (goedhartig)	vriendelik	[frindəlik]
kwaad (bn)	boos	[boəs]
gehuwd (mann.)	getroud	[xetræʊt]
ongehuwd (mann.)	ongetroud	[onxətræʊt]
verbieden (ww)	verbied	[ferbit]
toestaan (ww)	toestaan	[tustãn]
einde (het)	einde	[æjndə]
begin (het)	begin	[bexin]
linker (bn)	linker-	[linkər-]
rechter (bn)	regter	[rextər]
eerste (bn)	eerste	[eərstə]
laatste (bn)	laaste	[lãstə]
misdaad (de)	misdaad	[misdãt]
bestraffing (de)	straf	[straf]

bevelen (ww)	beveel	[befeel]
gehoorzamen (ww)	gehoorsaam	[χehoersām]
recht (bn)	reguit	[reχœit]
krom (bn)	krom	[krom]
paradijs (het)	paradys	[paradajs]
hel (de)	hel	[hel]
geboren worden (ww)	gebore word	[χebore vort]
sterven (ww)	doodgaan	[doedχān]
sterk (bn)	sterk	[sterk]
zwak (bn)	swak	[swak]
oud (bn)	oud	[æʊt]
jong (bn)	jong	[joŋ]
oud (bn)	ou	[æʊ]
nieuw (bn)	nuwe	[nuve]
hard (bn)	hard	[hart]
zacht (bn)	sag	[saχ]
warm (bn)	warm	[varm]
koud (bn)	koud	[kæʊt]
dik (bn)	vet	[fet]
dun (bn)	dun	[dun]
smal (bn)	smal	[smal]
breed (bn)	wyd	[vajt]
goed (bn)	goed	[χut]
slecht (bn)	sleg	[sleχ]
moedig (bn)	dapper	[dapper]
laf (bn)	lafhartig	[lafharteχ]

21. Lijnen en vormen

vierkant (het)	vierkant	[firkant]
vierkant (bn)	vierkantig	[firkanteχ]
cirkel (de)	sirkel	[sirkel]
rond (bn)	rond	[ront]
driehoek (de)	driehoek	[drihuk]
driehoekig (bn)	driehoekig	[drihukeχ]
ovaal (het)	ovaal	[ofāl]
ovaal (bn)	ovaal	[ofāl]
rechthoek (de)	reghoek	[reχhuk]
rechthoekig (bn)	reghoekig	[reχhukeχ]
piramide (de)	piramide	[piramide]
ruit (de)	ruit	[rœit]

trapezium (het)	trapesoïed	[trapesoïət]
kubus (de)	kubus	[kubus]
prisma (het)	prisma	[prisma]

omtrek (de)	omtrek	[omtrək]
bol, sfeer (de)	sfeer	[sfeər]
bal (de)	bal	[bal]
diameter (de)	diameter	[diametər]
straal (de)	straal	[strãl]
omtrek (~ van een cirkel)	omtrek	[omtrək]
middelpunt (het)	sentrum	[sentrum]

horizontaal (bn)	horisontaal	[horisontãl]
verticaal (bn)	vertikaal	[fertikãl]
parallel (de)	parallel	[paralləl]
parallel (bn)	parallel	[paralləl]

lijn (de)	lyn	[lajn]
streep (de)	haal	[hãl]
rechte lijn (de)	regte lyn	[reχtə lajn]
kromme (de)	krom	[krom]
dun (bn)	dun	[dun]
omlijning (de)	omtrek	[omtrək]

snijpunt (het)	snypunt	[snaj·punt]
rechte hoek (de)	regte hoek	[reχtə huk]
segment (het)	segment	[seχment]
sector (de)	sektor	[sektor]
zijde (de)	sy	[saj]
hoek (de)	hoek	[huk]

22. Meeteenheden

gewicht (het)	gewig	[χevəχ]
lengte (de)	lengte	[leŋtə]
breedte (de)	breedte	[breədtə]
hoogte (de)	hoogte	[hoəχtə]
diepte (de)	diepte	[diptə]
volume (het)	volume	[folumə]
oppervlakte (de)	area	[area]

gram (het)	gram	[χram]
milligram (het)	milligram	[milliχram]
kilogram (het)	kilogram	[kiloχram]
ton (duizend kilo)	ton	[ton]
pond (het)	pond	[pont]
ons (het)	ons	[ɔŋs]

meter (de)	meter	[metər]
millimeter (de)	millimeter	[millimetər]
centimeter (de)	sentimeter	[sentimetər]
kilometer (de)	kilometer	[kilometər]
mijl (de)	myl	[majl]
duim (de)	duim	[dœim]

voet (de)	voet	[fut]
yard (de)	jaart	[järt]

vierkante meter (de)	vierkante meter	[firkantə metər]
hectare (de)	hektaar	[hektãr]

liter (de)	liter	[litər]
graad (de)	graad	[χrãt]
volt (de)	volt	[folt]
ampère (de)	ampère	[ampɛ:r]
paardenkracht (de)	perdekrag	[perdə·kraχ]

hoeveelheid (de)	hoeveelheid	[hufeəlhæjt]
helft (de)	helfte	[hɛlftə]
dozijn (het)	dosyn	[dosajn]
stuk (het)	stuk	[stuk]

afmeting (de)	grootte	[χroəttə]
schaal (bijv. ~ van 1 op 50)	skaal	[skãl]

minimaal (bn)	minimaal	[minimãl]
minste (bn)	die kleinste	[di klæjnstə]
medium (bn)	medium	[medium]
maximaal (bn)	maksimaal	[maksimãl]
grootste (bn)	die grootste	[di χroətstə]

23. Containers

glazen pot (de)	glaspot	[χlas·pot]
blik (conserven~)	blikkie	[blikki]
emmer (de)	emmer	[ɛmmər]
ton (bijv. regenton)	drom	[drom]

ronde waterbak (de)	wasbak	[vas·bak]
tank (bijv. watertank-70-ltr)	tenk	[tɛnk]
heupfles (de)	heupfles	[høəp·fles]
jerrycan (de)	petrolblik	[petrol·blik]
tank (bijv. ketelwagen)	tenk	[tɛnk]

beker (de)	beker	[bekər]
kopje (het)	koppie	[koppi]
schoteltje (het)	piering	[piriŋ]
glas (het)	glas	[χlas]
wijnglas (het)	wynglas	[vajn·χlas]
pan (de)	soppot	[sop·pot]

fles (de)	bottel	[bottəl]
flessenhals (de)	nek	[nek]

karaf (de)	kraffie	[kraffi]
kruik (de)	kruik	[krœik]
vat (het)	houer	[hæʊər]
pot (de)	pot	[pot]
vaas (de)	vaas	[fãs]

flacon (de)	bottel	[bottəl]
flesje (het)	botteltjie	[bottɛlki]
tube (bijv. ~ tandpasta)	buisie	[bœisi]

zak (bijv. ~ aardappelen)	sak	[sak]
tasje (het)	sak	[sak]
pakje (~ sigaretten, enz.)	pakkie	[pakki]

doos (de)	kartondoos	[karton·doəs]
kist (de)	krat	[krat]
mand (de)	mandjie	[mandʒi]

24. Materialen

materiaal (het)	boustof	[bæʊstof]
hout (het)	hout	[hæʊt]
houten (bn)	hout-	[hæʊt-]

| glas (het) | glas | [χlas] |
| glazen (bn) | glas- | [χlas-] |

| steen (de) | klip | [klip] |
| stenen (bn) | klip- | [klip-] |

plastic (het)	plastiek	[plastik]
plastic (bn)	plastiek-	[plastik-]
rubber (het)	rubber	[rubbər]
rubber-, rubberen (bn)	rubber-	[rubbər-]

| stof (de) | materiaal | [materiäl] |
| van stof (bn) | materiaal- | [materiäl-] |

papier (het)	papier	[papir]
papieren (bn)	papier-	[papir-]
karton (het)	karton	[karton]
kartonnen (bn)	karton-	[karton-]

polyethyleen (het)	politeen	[politeən]
cellofaan (het)	sellofaan	[sɛllofãn]
multiplex (het)	laaghout	[lãχhæʊt]

porselein (het)	porselein	[porselæjn]
porseleinen (bn)	porselein-	[porselæjn-]
klei (de)	klei	[klæj]
klei-, van klei (bn)	klei-	[klæj-]
keramiek (de)	keramiek	[keramik]
keramieken (bn)	keramiek-	[keramik-]

25. Metalen

| metaal (het) | metaal | [metäl] |
| metalen (bn) | metaal- | [metäl-] |

legering (de)	allooi	[alloj]
goud (het)	goud	[χæʋt]
gouden (bn)	goue	[χæʋə]
zilver (het)	silwer	[silwər]
zilveren (bn)	silwer-	[silwər-]

ijzer (het)	yster	[ajstər]
ijzeren (bn)	yster-	[ajstər-]
staal (het)	staal	[stāl]
stalen (bn)	staal-	[stāl-]
koper (het)	koper	[kopər]
koperen (bn)	koper-	[kopər-]

aluminium (het)	aluminium	[aluminium]
aluminium (bn)	aluminium-	[aluminium-]
brons (het)	brons	[brɔŋs]
bronzen (bn)	brons-	[brɔŋs-]

messing (het)	geelkoper	[χeəl·kopər]
nikkel (het)	nikkel	[nikkəl]
platina (het)	platinum	[platinum]
kwik (het)	kwik	[kwik]
tin (het)	tin	[tin]
lood (het)	lood	[loət]
zink (het)	sink	[sink]

MENS

Mens. Het lichaam

26. Mensen. Basisbegrippen

mens (de)	mens	[mɛŋs]
man (de)	man	[man]
vrouw (de)	vrou	[fræʊ]
kind (het)	kind	[kint]
meisje (het)	meisie	[mæjsi]
jongen (de)	seun	[søən]
tiener, adolescent (de)	tiener	[tinər]
oude man (de)	ou man	[æʊ man]
oude vrouw (de)	ou vrou	[æʊ fræʊ]

27. Menselijke anatomie

organisme (het)	organisme	[orχanismə]
hart (het)	hart	[hart]
bloed (het)	bloed	[blut]
slagader (de)	slagaar	[slaχār]
ader (de)	aar	[ār]
hersenen (mv.)	brein	[bræjn]
zenuw (de)	senuwee	[senuveə]
zenuwen (mv.)	senuwees	[senuveəs]
wervel (de)	rugwerwels	[ruχ·werwɛls]
ruggengraat (de)	ruggraat	[ruχ·χrāt]
maag (de)	maag	[māχ]
darmen (mv.)	ingewande	[inχəwandə]
darm (de)	derm	[derm]
lever (de)	lewer	[levər]
nier (de)	nier	[nir]
been (deel van het skelet)	been	[beən]
skelet (het)	geraamte	[χerāmtə]
rib (de)	rib	[rip]
schedel (de)	skedel	[skedəl]
spier (de)	spier	[spir]
biceps (de)	biseps	[biseps]
triceps (de)	triseps	[triseps]
pees (de)	sening	[seniŋ]
gewricht (het)	gewrig	[χevrəχ]

longen (mv.)	longe	[loŋə]
geslachtsorganen (mv.)	geslagsorgane	[χeslaχs·orχanə]
huid (de)	vel	[fəl]

28. Hoofd

hoofd (het)	kop	[kop]
gezicht (het)	gesig	[χesəχ]
neus (de)	neus	[nøəs]
mond (de)	mond	[mont]

oog (het)	oog	[oəχ]
ogen (mv.)	oë	[oɛ]
pupil (de)	pupil	[pupil]
wenkbrauw (de)	wenkbrou	[vɛnk·bræʊ]
wimper (de)	ooghaar	[oəχ·hãr]
ooglid (het)	ooglid	[oəχ·lit]

tong (de)	tong	[toŋ]
tand (de)	tand	[tant]
lippen (mv.)	lippe	[lippə]
jukbeenderen (mv.)	wangbene	[vaŋ·benə]
tandvlees (het)	tandvleis	[tand·flæjs]
gehemelte (het)	verhemelte	[fer·hemɛltə]

neusgaten (mv.)	neusgate	[nøəsχatə]
kin (de)	ken	[ken]
kaak (de)	kakebeen	[kakebeən]
wang (de)	wang	[vaŋ]

voorhoofd (het)	voorhoof	[foərhoəf]
slaap (de)	slaap	[slãp]
oor (het)	oor	[oər]
achterhoofd (het)	agterkop	[aχtərkop]
hals (de)	nek	[nek]
keel (de)	keel	[keəl]

haren (mv.)	haar	[hãr]
kapsel (het)	kapsel	[kapsəl]
haarsnit (de)	haarstyl	[hãrstajl]
pruik (de)	pruik	[prœik]

snor (de)	snor	[snor]
baard (de)	baard	[bãrt]
dragen (een baard, enz.)	dra	[dra]
vlecht (de)	vlegsel	[fleχsəl]
bakkebaarden (mv.)	bakkebaarde	[bakkəbãrdə]

ros (roodachtig, rossig)	rooiharig	[roj·harəχ]
grijs (~ haar)	grys	[χrajs]
kaal (bn)	kaal	[kãl]
kale plek (de)	kaal plek	[kãl plek]
paardenstaart (de)	poniestert	[poni·stert]
pony (de)	gordyntjiekapsel	[χordajnki·kapsəl]

35

29. Menselijk lichaam

hand (de)	hand	[hant]
arm (de)	arm	[arm]
vinger (de)	vinger	[fiŋər]
teen (de)	toon	[toən]
duim (de)	duim	[dœim]
pink (de)	pinkie	[pinki]
nagel (de)	nael	[naəl]
vuist (de)	vuis	[fœis]
handpalm (de)	palm	[palm]
pols (de)	pols	[pols]
voorarm (de)	voorarm	[foərarm]
elleboog (de)	elmboog	[ɛlmboəχ]
schouder (de)	skouer	[skæʊər]
been (rechter ~)	been	[beən]
voet (de)	voet	[fut]
knie (de)	knie	[kni]
kuit (de)	kuit	[kœit]
heup (de)	heup	[høəp]
hiel (de)	hakskeen	[hak·skeən]
lichaam (het)	liggaam	[liχχãm]
buik (de)	maag	[mãχ]
borst (de)	bors	[bors]
borst (de)	bors	[bors]
zijde (de)	sy	[saj]
rug (de)	rug	[ruχ]
lage rug (de)	lae rug	[laə ruχ]
taille (de)	middel	[middəl]
navel (de)	naeltjie	[naɛlki]
billen (mv.)	boude	[bæʊdə]
achterwerk (het)	sitvlak	[sitflak]
huidvlek (de)	moesie	[musi]
moedervlek (de)	moedervlek	[mudər·flek]
tatoeage (de)	tatoe	[tatu]
litteken (het)	litteken	[littekən]

Kleding en accessoires

30. Bovenkleding. Jassen

kleren (mv.)	klere	[klerə]
bovenkleding (de)	oorklere	[oərklerə]
winterkleding (de)	winterklere	[vintər·klerə]
jas (de)	jas	[jas]
bontjas (de)	pelsjas	[pelʃas]
bontjasje (het)	kort pelsjas	[kort pelʃas]
donzen jas (de)	donsjas	[donʃas]
jasje (bijv. een leren ~)	baadjie	[bādʒi]
regenjas (de)	reënjas	[reɛnjas]
waterdicht (bn)	waterdig	[vatərdəχ]

31. Heren & dames kleding

overhemd (het)	hemp	[hemp]
broek (de)	broek	[bruk]
jeans (de)	denimbroek	[denim·bruk]
colbert (de)	baadjie	[bādʒi]
kostuum (het)	pak	[pak]
jurk (de)	rok	[rok]
rok (de)	romp	[romp]
blouse (de)	bloes	[blus]
wollen vest (de)	gebreide baadjie	[χebræjdə bādʒi]
blazer (kort jasje)	baadjie	[bādʒi]
T-shirt (het)	T-hemp	[te-hemp]
shorts (mv.)	kortbroek	[kort·bruk]
trainingspak (het)	sweetpak	[sweət·pak]
badjas (de)	badjas	[batjas]
pyjama (de)	pajama	[pajama]
sweater (de)	trui	[trœi]
pullover (de)	trui	[trœi]
gilet (het)	onderbaadjie	[ondər·bādʒi]
rokkostuum (het)	swaelstertbaadjie	[swaɛlstert·bādʒi]
smoking (de)	aandpak	[āntpak]
uniform (het)	uniform	[uniform]
werkkleding (de)	werksklere	[verks·klerə]
overall (de)	oorpak	[oərpak]
doktersjas (de)	jas	[jas]

32. Kleding. Ondergoed

ondergoed (het)	**onderklere**	[ondərklerə]
herenslip (de)	**onderbroek**	[ondərbruk]
slipjes (mv.)	**onderbroek**	[ondərbruk]
onderhemd (het)	**frokkie**	[frokki]
sokken (mv.)	**sokkies**	[sokkis]

nachthemd (het)	**nagrok**	[naχrok]
beha (de)	**bra**	[bra]
kniekousen (mv.)	**kniekouse**	[kni·kæʊsə]
panty (de)	**kousbroek**	[kæʊsbruk]
nylonkousen (mv.)	**kouse**	[kæʊsə]
badpak (het)	**baaikostuum**	[bāj·kostɪm]

33. Hoofddeksels

hoed (de)	**hoed**	[hut]
deukhoed (de)	**hoed**	[hut]
honkbalpet (de)	**bofbalpet**	[bofbal·pet]
kleppet (de)	**pet**	[pet]

baret (de)	**mus**	[mus]
kap (de)	**kap**	[kap]
panamahoed (de)	**panamahoed**	[panama·hut]
gebreide muts (de)	**gebreide mus**	[χebræjdə mus]

hoofddoek (de)	**kopdoek**	[kopduk]
dameshoed (de)	**dameshoed**	[dames·hut]

veiligheidshelm (de)	**veiligheidshelm**	[fæjliχæjts·hɛlm]
veldmuts (de)	**mus**	[mus]
helm, valhelm (de)	**helmet**	[hɛlmet]

bolhoed (de)	**bolhoed**	[bolhut]
hoge hoed (de)	**hoëhoed**	[hoɛhut]

34. Schoeisel

schoeisel (het)	**skoeisel**	[skuisəl]
schoenen (mv.)	**mansskoene**	[maŋs·skunə]
vrouwenschoenen (mv.)	**damesskoene**	[dames·skunə]
laarzen (mv.)	**laarse**	[lārsə]
pantoffels (mv.)	**pantoffels**	[pantoffəls]

sportschoenen (mv.)	**tennisskoene**	[tɛnnis·skunə]
sneakers (mv.)	**tekkies**	[tɛkkis]
sandalen (mv.)	**sandale**	[sandalə]

schoenlapper (de)	**skoenmaker**	[skun·makər]
hiel (de)	**hak**	[hak]

paar (een ~ schoenen)	paar	[pãr]
veter (de)	skoenveter	[skun·fetər]
rijgen (schoenen ~)	ryg	[rajχ]
schoenlepel (de)	skoenlepel	[skun·lepəl]
schoensmeer (de/het)	skoenpolitoer	[skun·politur]

35. Textiel. Weefsel

katoen (de/het)	katoen	[katun]
katoenen (bn)	katoen-	[katun-]
vlas (het)	vlas	[flas]
vlas-, van vlas (bn)	vlas-	[flas-]

zijde (de)	sy	[saj]
zijden (bn)	sy-	[saj-]
wol (de)	wol	[vol]
wollen (bn)	wol-	[vol-]

fluweel (het)	fluweel	[fluveəl]
suède (de)	suède	[suɛdə]
ribfluweel (het)	ferweel	[fərweəl]

nylon (de/het)	nylon	[najlon]
nylon-, van nylon (bn)	nylon-	[najlon-]
polyester (het)	poliëster	[poliɛstər]
polyester- (abn)	poliëster-	[poliɛstər-]

leer (het)	leer	[leər]
leren (van leer gemaak)	leer-	[leər-]
bont (het)	bont	[bont]
bont- (abn)	bont-	[bont-]

36. Persoonlijke accessoires

handschoenen (mv.)	handskoene	[handskunə]
wanten (mv.)	duimhandskoene	[dœim·handskunə]
sjaal (fleece ~)	serp	[serp]

bril (de)	bril	[bril]
brilmontuur (het)	raam	[rãm]
paraplu (de)	sambreel	[sambreəl]
wandelstok (de)	wandelstok	[vandəl·stok]
haarborstel (de)	haarborsel	[hãr·borsəl]
waaier (de)	waaier	[vãjer]

das (de)	das	[das]
strikje (het)	strikkie	[strikki]
bretels (mv.)	kruisbande	[krœis·bandə]
zakdoek (de)	sakdoek	[sakduk]

kam (de)	kam	[kam]
haarspeldje (het)	haarspeld	[hãrs·pɛlt]

| schuifspeldje (het) | haarpen | [hãr·pen] |
| gesp (de) | gespe | [χespə] |

| broekriem (de) | belt | [bɛlt] |
| draagriem (de) | skouerband | [skæʊer·bant] |

handtas (de)	handsak	[hand·sak]
damestas (de)	beursie	[bøərsi]
rugzak (de)	rugsak	[ruχsak]

37. Kleding. Diversen

mode (de)	mode	[modə]
de mode (bn)	in die mode	[in di modə]
kledingstilist (de)	modeontwerper	[modə·ontwerpər]

kraag (de)	kraag	[krãχ]
zak (de)	sak	[sak]
zak- (abn)	sak-	[sak-]
mouw (de)	mou	[mæʊ]
lusje (het)	lussie	[lussi]
gulp (de)	gulp	[χulp]

rits (de)	ritssluiter	[rits·slœitər]
sluiting (de)	vasmaker	[fasmakər]
knoop (de)	knoop	[knoəp]
knoopsgat (het)	knoopsgat	[knoəps·χat]
losraken (bijv. knopen)	loskom	[loskom]

naaien (kleren, enz.)	naai	[nãi]
borduren (ww)	borduur	[bordɪr]
borduursel (het)	borduurwerk	[bordɪr·werk]
naald (de)	naald	[nãlt]
draad (de)	garing	[χariŋ]
naad (de)	soom	[soəm]

vies worden (ww)	vuil word	[fœil vort]
vlek (de)	vlek	[flek]
gekreukt raken (ov. kleren)	kreukel	[krøəkəl]
scheuren (ov.ww.)	skeur	[skøər]
mot (de)	mot	[mot]

38. Persoonlijke verzorging. Schoonheidsmiddelen

tandpasta (de)	tandepasta	[tandə·pasta]
tandenborstel (de)	tandeborsel	[tandə·borsəl]
tanden poetsen (ww)	tande borsel	[tandə borsəl]

scheermes (het)	skeermes	[skeər·mes]
scheerschuim (het)	skeerroom	[skeər·roəm]
zich scheren (ww)	skeer	[skeər]
zeep (de)	seep	[seəp]

shampoo (de)	sjampoe	[ʃampu]
schaar (de)	skêr	[skær]
nagelvijl (de)	naelvyl	[naɛl·fajl]
nagelknipper (de)	naelknipper	[naɛl·knippər]
pincet (het)	haartangetjie	[hãrtaŋəki]

cosmetica (mv.)	kosmetika	[kosmetika]
masker (het)	gesigmasker	[χesiχ·maskər]
manicure (de)	manikuur	[manikɪr]
manicure doen	laat manikuur	[lãt manikɪr]
pedicure (de)	voetbehandeling	[fut·behandeliŋ]

cosmetica tasje (het)	kosmetika tassie	[kosmetika tassi]
poeder (de/het)	gesigpoeier	[χesiχ·pujer]
poederdoos (de)	poeierdosie	[pujer·dosi]
rouge (de)	blosser	[blossər]

parfum (de/het)	parfuum	[parfɪm]
eau de toilet (de)	reukwater	[røək·vatər]
lotion (de)	vloeiroom	[flui·roəm]
eau de cologne (de)	reukwater	[røək·vatər]

oogschaduw (de)	oogskadu	[oəχ·skadu]
oogpotlood (het)	oogomlyner	[oəχ·omlajnər]
mascara (de)	maskara	[maskara]

lippenstift (de)	lipstiffie	[lip·stiffi]
nagellak (de)	naellak	[naɛl·lak]
haarlak (de)	haarsproei	[hãrs·prui]
deodorant (de)	reukweermiddel	[røək·veərmiddəl]

crème (de)	room	[roəm]
gezichtscrème (de)	gesigroom	[χesiχ·roəm]
handcrème (de)	handroom	[hand·roəm]
antirimpelcrème (de)	antirimpelroom	[antirimpəl·roəm]
dagcrème (de)	dagroom	[daχ·roəm]
nachtcrème (de)	nagroom	[naχ·roəm]
dag- (abn)	dag-	[daχ-]
nacht- (abn)	nag-	[naχ-]

tampon (de)	tampon	[tampon]
toiletpapier (het)	toiletpapier	[tojlet·papir]
föhn (de)	haardroër	[hãr·droɛr]

39. Juwelen

sieraden (mv.)	juweliersware	[juvelirs·warə]
edel (bijv. ~ stenen)	edel-	[ɛdəl-]
keurmerk (het)	waarmerk	[vãrmerk]

ring (de)	ring	[riŋ]
trouwring (de)	trouring	[træʊriŋ]
armband (de)	armband	[armbant]
oorringen (mv.)	oorbelle	[oər·bɛllə]

halssnoer (het)	**halssnoer**	[hals·snur]
kroon (de)	**kroon**	[kroən]
kralen snoer (het)	**kraalsnoer**	[krãl·snur]

diamant (de)	**diamant**	[diamant]
smaragd (de)	**smarag**	[smaraχ]
robijn (de)	**robyn**	[robajn]
saffier (de)	**saffier**	[saffir]
parel (de)	**pêrel**	[pæərəl]
barnsteen (de)	**amber**	[ambər]

40. Horloges. Klokken

polshorloge (het)	**polshorlosie**	[pols·horlosi]
wijzerplaat (de)	**wyserplaat**	[vajsər·plãt]
wijzer (de)	**wyster**	[vajstər]
metalen horlogeband (de)	**metaal horlosiebandjie**	[metãl horlosi·bandʒi]
horlogebandje (het)	**horlosiebandjie**	[horlosi·bandʒi]

batterij (de)	**battery**	[battəraj]
leeg zijn (ww)	**pap wees**	[pap veəs]
voorlopen (ww)	**voorloop**	[foərloəp]
achterlopen (ww)	**agterloop**	[aχtərloəp]

wandklok (de)	**muurhorlosie**	[mɪr·horlosi]
zandloper (de)	**uurglas**	[ɪr·χlas]
zonnewijzer (de)	**sonwyser**	[son·wajsər]
wekker (de)	**wekker**	[vɛkkər]
horlogemaker (de)	**horlosiemaker**	[horlosi·makər]
repareren (ww)	**herstel**	[herstəl]

Voedsel. Voeding

41. Voedsel

vlees (het)	vleis	[flæjs]
kip (de)	hoender	[hundər]
kuiken (het)	braaikuiken	[brāj·kœiken]
eend (de)	eend	[eent]
gans (de)	gans	[χaŋs]
wild (het)	wild	[vilt]
kalkoen (de)	kalkoen	[kalkun]
varkensvlees (het)	varkvleis	[fark·flæjs]
kalfsvlees (het)	kalfsvleis	[kalfs·flæjs]
schapenvlees (het)	lamsvleis	[lams·flæjs]
rundvlees (het)	beesvleis	[beəs·flæjs]
konijnenvlees (het)	konynvleis	[konajn·flæjs]
worst (de)	wors	[vors]
saucijs (de)	Weense worsie	[veɛŋsə vorsi]
spek (het)	spek	[spek]
ham (de)	ham	[ham]
gerookte achterham (de)	gerookte ham	[χeroəktə ham]
paté (de)	patee	[pateə]
lever (de)	lewer	[levər]
gehakt (het)	maalvleis	[māl·flæjs]
tong (de)	tong	[toŋ]
ei (het)	eier	[æjer]
eieren (mv.)	eiers	[æjers]
eiwit (het)	eierwit	[æjer·wit]
eigeel (het)	dooier	[dojer]
vis (de)	vis	[fis]
zeevruchten (mv.)	seekos	[seə·kos]
schaaldieren (mv.)	skaaldiere	[skāldirə]
kaviaar (de)	kaviaar	[kafiār]
krab (de)	krab	[krap]
garnaal (de)	garnaal	[χarnāl]
oester (de)	oester	[ustər]
langoest (de)	seekreef	[seə·kreəf]
octopus (de)	seekat	[seə·kat]
inktvis (de)	pylinkvis	[pajl·inkfis]
steur (de)	steur	[støər]
zalm (de)	salm	[salm]
heilbot (de)	heilbot	[hæjlbot]
kabeljauw (de)	kabeljou	[kabeljæʊ]

makreel (de)	makriel	[makril]
tonijn (de)	tuna	[tuna]
paling (de)	paling	[paliŋ]

forel (de)	forel	[forəl]
sardine (de)	sardyn	[sardajn]
snoek (de)	varswatersnoek	[farswatər·snuk]
haring (de)	haring	[hariŋ]

brood (het)	brood	[broət]
kaas (de)	kaas	[kās]
suiker (de)	suiker	[sœikər]
zout (het)	sout	[sæʊt]

rijst (de)	rys	[rajs]
pasta (de)	pasta	[pasta]
noedels (mv.)	noedels	[nudɛls]

boter (de)	botter	[bottər]
plantaardige olie (de)	plantaardige olie	[plantārdiχə oli]
zonnebloemolie (de)	sonblomolie	[sonblom·oli]
margarine (de)	margarien	[marχarin]

| olijven (mv.) | olywe | [olajvə] |
| olijfolie (de) | olyfolie | [olajf·oli] |

melk (de)	melk	[mɛlk]
gecondenseerde melk (de)	kondensmelk	[kondɛŋs·mɛlk]
yoghurt (de)	jogurt	[joχurt]
zure room (de)	suurroom	[sɪr·roəm]
room (de)	room	[roəm]

| mayonaise (de) | mayonnaise | [majonɛs] |
| crème (de) | crème | [krɛm] |

graan (het)	ontbytgraan	[ontbajt·χrān]
meel (het), bloem (de)	meelblom	[meəl·blom]
conserven (mv.)	blikkieskos	[blikkis·kos]

maïsvlokken (mv.)	mielievlokkies	[mili·flokkis]
honing (de)	heuning	[høəniŋ]
jam (de)	konfyt	[konfajt]
kauwgom (de)	kougom	[kæʊχom]

42. Drankjes

water (het)	water	[vatər]
drinkwater (het)	drinkwater	[drink·vatər]
mineraalwater (het)	mineraalwater	[minerāl·vatər]

zonder gas	sonder gas	[sondər χas]
koolzuurhoudend (bn)	soda-	[soda-]
bruisend (bn)	bruis-	[brœis-]
ijs (het)	ys	[ajs]

met ijs	**met ys**	[met ajs]
alcohol vrij (bn)	**nie-alkoholies**	[ni-alkoholis]
alcohol vrije drank (de)	**koeldrank**	[kul·drank]
frisdrank (de)	**verfrissende drank**	[ferfrissendə drank]
limonade (de)	**limonade**	[limonadə]

alcoholische dranken (mv.)	**likeure**	[likøərə]
wijn (de)	**wyn**	[vajn]
witte wijn (de)	**witwyn**	[vit·vajn]
rode wijn (de)	**rooiwyn**	[roj·vajn]

likeur (de)	**likeur**	[likøər]
champagne (de)	**sjampanje**	[ʃampanje]
vermout (de)	**vermoet**	[fermut]

whisky (de)	**whisky**	[vhiskaj]
wodka (de)	**vodka**	[fodka]
gin (de)	**jenever**	[jenefər]
cognac (de)	**brandewyn**	[brandə·vajn]
rum (de)	**rum**	[rum]

koffie (de)	**koffie**	[koffi]
zwarte koffie (de)	**swart koffie**	[swart koffi]
koffie (de) met melk	**koffie met melk**	[koffi met melk]
cappuccino (de)	**capuccino**	[kaputʃino]
oploskoffie (de)	**poeierkoffie**	[pujer·koffi]

melk (de)	**melk**	[melk]
cocktail (de)	**mengeldrankie**	[menχəl·dranki]
milkshake (de)	**melkskommel**	[melk·skomməl]

sap (het)	**sap**	[sap]
tomatensap (het)	**tamatiesap**	[tamati·sap]
sinaasappelsap (het)	**lemoensap**	[lemoən·sap]
vers geperst sap (het)	**vars geparste sap**	[fars χeparstə sap]

bier (het)	**bier**	[bir]
licht bier (het)	**ligte bier**	[liχtə bir]
donker bier (het)	**donker bier**	[donkər bir]

thee (de)	**tee**	[teə]
zwarte thee (de)	**swart tee**	[swart teə]
groene thee (de)	**groen tee**	[χrun teə]

43. Groenten

groenten (mv.)	**groente**	[χruntə]
verse kruiden (mv.)	**groente**	[χruntə]

tomaat (de)	**tamatie**	[tamati]
augurk (de)	**komkommer**	[komkommər]
wortel (de)	**wortel**	[vortəl]
aardappel (de)	**aartappel**	[ārtappəl]
ui (de)	**ui**	[œi]

knoflook (de)	**knoffel**	[knoffəl]
kool (de)	**kool**	[koəl]
bloemkool (de)	**blomkool**	[blom·koəl]
spruitkool (de)	**Brusselspruite**	[brussɛl·sprœitə]
broccoli (de)	**broccoli**	[brokoli]

rode biet (de)	**beet**	[beət]
aubergine (de)	**eiervrug**	[æjerfruχ]
courgette (de)	**vingerskorsie**	[fiŋər·skorsi]
pompoen (de)	**pampoen**	[pampun]
raap (de)	**raap**	[rãp]

peterselie (de)	**pietersielie**	[pitərsili]
dille (de)	**dille**	[dillə]
sla (de)	**slaai**	[slãi]
selderij (de)	**seldery**	[selderaj]
asperge (de)	**aspersie**	[aspersi]
spinazie (de)	**spinasie**	[spinasi]

erwt (de)	**ertjie**	[ɛrki]
bonen (mv.)	**boontjies**	[boənkis]
maïs (de)	**mielie**	[mili]
boon (de)	**nierboontjie**	[nir·boənki]

peper (de)	**paprika**	[paprika]
radijs (de)	**radys**	[radajs]
artisjok (de)	**artisjok**	[artiʃok]

44. Vruchten. Noten

vrucht (de)	**vrugte**	[fruχtə]
appel (de)	**appel**	[appəl]
peer (de)	**peer**	[peər]
citroen (de)	**suurlemoen**	[sɪr·lemun]
sinaasappel (de)	**lemoen**	[lemun]
aardbei (de)	**aarbei**	[ãrbæj]

mandarijn (de)	**nartjie**	[narki]
pruim (de)	**pruim**	[prœim]
perzik (de)	**perske**	[perskə]
abrikoos (de)	**appelkoos**	[appɛlkoəs]
framboos (de)	**framboos**	[frамboəs]
ananas (de)	**pynappel**	[pajnappəl]

banaan (de)	**piesang**	[pisaŋ]
watermeloen (de)	**waatlemoen**	[vãtlemun]
druif (de)	**druif**	[drœif]
kers (de)	**kersie**	[kersi]
zure kers (de)	**suurkersie**	[sɪr·kersi]
zoete kers (de)	**soetkersie**	[sut·kersi]
meloen (de)	**spanspek**	[spaŋspek]

grapefruit (de)	**pomelo**	[pomelo]
avocado (de)	**avokado**	[afokado]

papaja (de)	papaja	[papaja]
mango (de)	mango	[manχo]
granaatappel (de)	granaat	[χranãt]

rode bes (de)	rooi aalbessie	[roj ãlbɛssi]
zwarte bes (de)	swartbessie	[swartbɛssi]
kruisbes (de)	appelliefie	[appɛllifi]
bosbes (de)	bosbessie	[bosbɛssi]
braambes (de)	braambessie	[brãmbɛssi]

rozijn (de)	rosyntjie	[rosajnki]
vijg (de)	vy	[faj]
dadel (de)	dadel	[dadəl]

pinda (de)	grondboontjie	[χront·boənki]
amandel (de)	amandel	[amandəl]
walnoot (de)	okkerneut	[okkər·nøət]
hazelnoot (de)	haselneut	[hasɛl·nøət]
kokosnoot (de)	klapper	[klappər]
pistaches (mv.)	pistachio	[pistatʃio]

45. Brood. Snoep

suikerbakkerij (de)	soet gebak	[sut χebak]
brood (het)	brood	[broət]
koekje (het)	koekies	[kukis]

chocolade (de)	sjokolade	[ʃokoladə]
chocolade- (abn)	sjokolade	[ʃokoladə]
snoepje (het)	lekkers	[lɛkkərs]
cakeje (het)	koek	[kuk]
taart (bijv. verjaardags~)	koek	[kuk]

| pastei (de) | pastei | [pastæj] |
| vulling (de) | vulsel | [fulsəl] |

confituur (de)	konfyt	[konfajt]
marmelade (de)	marmelade	[marmeladə]
wafel (de)	wafels	[vafɛls]
ijsje (het)	roomys	[roəm·ajs]
pudding (de)	poeding	[pudiŋ]

46. Bereide gerechten

gerecht (het)	gereg	[χerəχ]
keuken (bijv. Franse ~)	kookkuns	[koək·kuns]
recept (het)	resep	[resep]
portie (de)	porsie	[porsi]

salade (de)	slaai	[slãi]
soep (de)	sop	[sop]
bouillon (de)	helder sop	[hɛldər sop]

| boterham (de) | toebroodjie | [tubroədʒi] |
| spiegelei (het) | gabakte eiers | [χabaktə æjers] |

| hamburger (de) | hamburger | [hamburχər] |
| biefstuk (de) | biefstuk | [bifstuk] |

garnering (de)	sygereg	[saj·χerəχ]
spaghetti (de)	spaghetti	[spaχɛtti]
aardappelpuree (de)	kapokaartappels	[kapok·ārtappəls]
pizza (de)	pizza	[pizza]
pap (de)	pap	[pap]
omelet (de)	omelet	[oməlet]

gekookt (in water)	gekook	[χekoək]
gerookt (bn)	gerook	[χeroək]
gebakken (bn)	gebak	[χebak]
gedroogd (bn)	gedroog	[χedroəχ]
diepvries (bn)	gevries	[χefris]
gemarineerd (bn)	gepiekel	[χepikəl]

zoet (bn)	soet	[sut]
gezouten (bn)	sout	[sæʊt]
koud (bn)	koud	[kæʊt]
heet (bn)	warm	[varm]
bitter (bn)	bitter	[bittər]
lekker (bn)	smaaklik	[smāklik]

koken (in kokend water)	kook in water	[koək in vatər]
bereiden (avondmaaltijd ~)	kook	[koək]
bakken (ww)	braai	[braj]
opwarmen (ww)	opwarm	[opwarm]

zouten (ww)	sout	[sæʊt]
peperen (ww)	peper	[pepər]
raspen (ww)	rasp	[rasp]
schil (de)	skil	[skil]
schillen (ww)	skil	[skil]

47. Kruiden

zout (het)	sout	[sæʊt]
gezouten (bn)	sout	[sæʊt]
zouten (ww)	sout	[sæʊt]

zwarte peper (de)	swart peper	[swart pepər]
rode peper (de)	rooi peper	[roj pepər]
mosterd (de)	mosterd	[mostert]
mierikswortel (de)	peperwortel	[peper·wortəl]

condiment (het)	smaakmiddel	[smāk·middəl]
specerij, kruiderij (de)	spesery	[spesəraj]
saus (de)	sous	[sæʊs]
azijn (de)	asyn	[asajn]
anijs (de)	anys	[anajs]

basilicum (de)	basilikum	[basilikum]
kruidnagel (de)	naeltjies	[naɛlkis]
gember (de)	gemmer	[χɛmmər]
koriander (de)	koljander	[koljandər]
kaneel (de/het)	kaneel	[kaneəl]

sesamzaad (het)	sesamsaad	[sesam·sãt]
laurierblad (het)	lourierblaar	[læurir·blãr]
paprika (de)	paprika	[paprika]
komijn (de)	komynsaad	[komajnsãt]
saffraan (de)	saffraan	[saffrãn]

48. Maaltijden

eten (het)	kos	[kos]
eten (ww)	eet	[eət]

ontbijt (het)	ontbyt	[ontbajt]
ontbijten (ww)	ontbyt	[ontbajt]
lunch (de)	middagete	[middaχ·etə]
lunchen (ww)	gaan eet	[χãn eət]
avondeten (het)	aandete	[ãndetə]
souperen (ww)	aandete gebruik	[ãndetə χebrœik]

eetlust (de)	aptyt	[aptajt]
Eet smakelijk!	Smaaklike ete!	[smãklikə etə!]

openen (een fles ~)	oopmaak	[oəpmãk]
morsen (koffie, enz.)	mors	[mors]
zijn gemorst	mors	[mors]

koken (water kookt bij 100°C)	kook	[koək]
koken (Hoe om water te ~)	kook	[koək]
gekookt (~ water)	gekook	[χekoək]
afkoelen (koeler maken)	laat afkoel	[lãt afkul]
afkoelen (koeler worden)	afkoel	[afkul]

smaak (de)	smaak	[smãk]
nasmaak (de)	nasmaak	[nasmãk]

volgen een dieet	vermaer	[fermaər]
dieet (het)	dieet	[diət]
vitamine (de)	vitamien	[fitamin]
calorie (de)	kalorie	[kalori]
vegetariër (de)	vegetariër	[feχetariɛr]
vegetarisch (bn)	vegetaries	[feχetaris]

vetten (mv.)	vette	[fɛttə]
eiwitten (mv.)	proteïen	[proteïen]
koolhydraten (mv.)	koolhidrate	[koəlhidratə]

snede (de)	snytjie	[snajki]
stuk (bijv. een ~ taart)	stuk	[stuk]
kruimel (de)	krummel	[krumməl]

49. Tafelschikking

lepel (de)	**lepel**	[lepəl]
mes (het)	**mes**	[mes]
vork (de)	**vurk**	[furk]

kopje (het)	**koppie**	[koppi]
bord (het)	**bord**	[bort]
schoteltje (het)	**piering**	[pirin]
servet (het)	**servet**	[serfət]
tandenstoker (de)	**tandestokkie**	[tandə·stokki]

50. Restaurant

restaurant (het)	**restaurant**	[restɔurant]
koffiehuis (het)	**koffiekroeg**	[koffi·kruχ]
bar (de)	**kroeg**	[kruχ]
tearoom (de)	**teekamer**	[teə·kamər]

kelner, ober (de)	**kelner**	[kɛlnər]
serveerster (de)	**kelnerin**	[kɛlnərin]
barman (de)	**kroegman**	[kruχman]

menu (het)	**spyskaart**	[spajs·kārt]
wijnkaart (de)	**wyn**	[vajn]
een tafel reserveren	**wynkaart**	[vajn·kārt]

gerecht (het)	**gereg**	[χerəχ]
bestellen (eten ~)	**bestel**	[bestəl]
een bestelling maken	**bestel**	[bestəl]

aperitief (de/het)	**drankie**	[dranki]
voorgerecht (het)	**voorgereg**	[foərχerəχ]
dessert (het)	**nagereg**	[naχerəχ]

rekening (de)	**rekening**	[rekəniŋ]
de rekening betalen	**die rekening betaal**	[di rekəniŋ betāl]
wisselgeld teruggeven	**kleingeld gee**	[klæjn·χɛlt χeə]
fooi (de)	**fooitjie**	[fojki]

Familie, verwanten en vrienden

51. Persoonlijke informatie. Formulieren

naam (de)	voornaam	[foərnām]
achternaam (de)	van	[fan]
geboortedatum (de)	geboortedatum	[xeboərtə·datum]
geboorteplaats (de)	geboorteplek	[xeboərtə·plek]

nationaliteit (de)	nasionaliteit	[naʃionalitæjt]
woonplaats (de)	woonplek	[voən·plek]
land (het)	land	[lant]
beroep (het)	beroep	[berup]

geslacht (ov. het vrouwelijk ~)	geslag	[xeslaχ]
lengte (de)	lengte	[leŋtə]
gewicht (het)	gewig	[χevəχ]

52. Familieleden. Verwanten

moeder (de)	moeder	[mudər]
vader (de)	vader	[fadər]
zoon (de)	seun	[søən]
dochter (de)	dogter	[doχtər]

jongste dochter (de)	jonger dogter	[joŋər doχtər]
jongste zoon (de)	jonger seun	[joŋər søən]
oudste dochter (de)	oudste dogter	[æʊdstə doχtər]
oudste zoon (de)	oudste seun	[æʊdstə søən]

broer (de)	broer	[brur]
oudere broer (de)	ouer broer	[æʊer brur]
jongere broer (de)	jonger broer	[joŋər brur]
zuster (de)	suster	[sustər]
oudere zuster (de)	ouer suster	[æʊer sustər]
jongere zuster (de)	jonger suster	[joŋər sustər]

| neef (zoon van oom, tante) | neef | [neəf] |
| nicht (dochter van oom, tante) | neef | [neəf] |

mama (de)	ma	[ma]
papa (de)	pa	[pa]
ouders (mv.)	ouers	[æʊers]
kind (het)	kind	[kint]
kinderen (mv.)	kinders	[kindərs]
oma (de)	ouma	[æʊma]

opa (de)	oupa	[æʊpa]
kleinzoon (de)	kleinseun	[klæjn·søən]
kleindochter (de)	kleindogter	[klæjn·doχtər]
kleinkinderen (mv.)	kleinkinders	[klæjn·kindərs]

oom (de)	oom	[oəm]
tante (de)	tante	[tantə]
neef (zoon van broer, zus)	neef	[neəf]
nicht (dochter van broer, zus)	nig	[niχ]

schoonmoeder (de)	skoonma	[skoən·ma]
schoonvader (de)	skoonpa	[skoən·pa]
schoonzoon (de)	skoonseun	[skoən·søən]
stiefmoeder (de)	stiefma	[stifma]
stiefvader (de)	stiefpa	[stifpa]

zuigeling (de)	baba	[baba]
wiegenkind (het)	baba	[baba]
kleuter (de)	seuntjie	[søənki]

vrouw (de)	vrou	[fræʊ]
man (de)	man	[man]
echtgenoot (de)	eggenoot	[ɛχχenoət]
echtgenote (de)	eggenote	[ɛχχenotə]

gehuwd (mann.)	getroud	[χetræʊt]
gehuwd (vrouw.)	getroud	[χetræʊt]
ongehuwd (mann.)	ongetroud	[onχətræʊt]
vrijgezel (de)	vrygesel	[frajχesəl]
gescheiden (bn)	geskei	[χeskæj]
weduwe (de)	weduwee	[veduveə]
weduwnaar (de)	wedunaar	[vedunãr]

familielid (het)	familielid	[famililit]
dichte familielid (het)	na familie	[na famili]
verre familielid (het)	ver familie	[fer famili]
familieleden (mv.)	familielede	[famililedə]

wees (de), weeskind (het)	weeskind	[veəskint]
voogd (de)	voog	[foəχ]
adopteren (een jongen te ~)	aanneem	[ãnneəm]
adopteren (een meisje te ~)	aanneem	[ãnneəm]

53. Vrienden. Collega's

vriend (de)	vriend	[frint]
vriendin (de)	vriendin	[frindin]
vriendschap (de)	vriendskap	[frindskap]
bevriend zijn (ww)	bevriend wees	[befrint veəs]

makker (de)	maat	[mãt]
vriendin (de)	vriendin	[frindin]
partner (de)	maat	[mãt]
chef (de)	baas	[bãs]

baas (de)	baas	[bās]
eigenaar (de)	eienaar	[æjenār]
ondergeschikte (de)	ondergeskikte	[ondərχeskiktə]
collega (de)	kollega	[kolleχa]

kennis (de)	kennis	[kɛnnis]
medereiziger (de)	medereisiger	[medə·ræjsiχər]
klasgenoot (de)	klasmaat	[klas·māt]

buurman (de)	buurman	[bɪrman]
buurvrouw (de)	buurvrou	[bɪrfræʊ]
buren (mv.)	bure	[burə]

54. Man. Vrouw

vrouw (de)	vrou	[fræʊ]
meisje (het)	meisie	[mæjsi]
bruid (de)	bruid	[brœit]

mooi(e) (vrouw, meisje)	mooi	[moj]
groot, grote (vrouw, meisje)	groot	[χroət]
slank(e) (vrouw, meisje)	slank	[slank]
korte, kleine (vrouw, meisje)	kort	[kort]

| blondine (de) | blondine | [blondinə] |
| brunette (de) | brunet | [brunet] |

dames- (abn)	dames-	[dames-]
maagd (de)	maagd	[māχt]
zwanger (bn)	swanger	[swaŋər]

man (de)	man	[man]
blonde man (de)	blond	[blont]
bruinharige man (de)	brunet	[brunet]
groot (bn)	groot	[χroət]
klein (bn)	kort	[kort]

onbeleefd (bn)	onbeskof	[onbeskof]
gedrongen (bn)	frisgebou	[frisχebæʊ]
robuust (bn)	frisgebou	[frisχebæʊ]
sterk (bn)	sterk	[sterk]
sterkte (de)	sterkte	[sterktə]

mollig (bn)	vet	[fet]
getaand (bn)	blas	[blas]
slank (bn)	slank	[slank]
elegant (bn)	elegant	[ɛleχant]

55. Leeftijd

| leeftijd (de) | ouderdom | [æʊderdom] |
| jeugd (de) | jeug | [jøəχ] |

jong (bn)	jong	[joŋ]
jonger (bn)	jonger	[joŋər]
ouder (bn)	ouer	[æʋer]

jongen (de)	jongman	[joŋman]
tiener, adolescent (de)	tiener	[tinər]
kerel (de)	ou	[æʋ]

| oude man (de) | ou man | [æʋ man] |
| oude vrouw (de) | ou vrou | [æʋ fræʋ] |

volwassen (bn)	volwasse	[folwassə]
van middelbare leeftijd (bn)	middeljarig	[middəl·jarəx]
bejaard (bn)	bejaard	[bejārt]
oud (bn)	oud	[æʋt]

pensioen (het)	pensioen	[pɛnsiun]
met pensioen gaan	met pensioen gaan	[met pɛnsiun χān]
gepensioneerde (de)	pensioenaris	[pɛnsiunaris]

56. Kinderen

kind (het)	kind	[kint]
kinderen (mv.)	kinders	[kindərs]
tweeling (de)	tweeling	[tweəliŋ]

wieg (de)	wiegie	[viχi]
rammelaar (de)	rammelaar	[rammelār]
luier (de)	luier	[lœiər]

speen (de)	fopspeen	[fopspeən]
kinderwagen (de)	kinderwaentjie	[kindər·waenki]
kleuterschool (de)	kindertuin	[kindər·tœin]
babysitter (de)	babasitter	[babasittər]

kindertijd (de)	kinderdae	[kindərdaə]
pop (de)	pop	[pop]
speelgoed (het)	speelgoed	[speəl·χut]
bouwspeelgoed (het)	boudoos	[bæʋ·doəs]
welopgevoed (bn)	goed opgevoed	[χut opχəfut]
onopgevoed (bn)	sleg opgevoed	[sleχ opχəfut]
verwend (bn)	bederf	[bederf]

stout zijn (ww)	stout wees	[stæʋt veəs]
stout (bn)	ondeuend	[ondøent]
stoutheid (de)	ondeuendheid	[ondøenthæjt]
stouterd (de)	rakker	[rakkər]

| gehoorzaam (bn) | gehoorsaam | [χehoərsām] |
| ongehoorzaam (bn) | ongehoorsaam | [onχehoərsām] |

braaf (bn)	soet	[sut]
slim (verstandig)	slim	[slim]
wonderkind (het)	wonderkind	[vondərkint]

57. Gehuwde paren. Gezinsleven

kussen (een kus geven)	soen	[sun]
elkaar kussen (ww)	mekaar soen	[mekãr sun]
gezin (het)	familie	[famili]
gezins- (abn)	gesins-	[χesins-]
paar (het)	paartjie	[pãrki]
huwelijk (het)	huwelik	[huvelik]
thuis (het)	tuiste	[tœistə]
dynastie (de)	dinastie	[dinasti]
date (de)	datum	[datum]
zoen (de)	soen	[sun]
liefde (de)	liefde	[lifdə]
liefhebben (ww)	liefhë	[lifhɛ:]
geliefde (bn)	geliefde	[χelifdə]
tederheid (de)	teerheid	[teərhæjt]
teder (bn)	teer	[teər]
trouw (de)	trou	[træʊ]
trouw (bn)	trou	[træʊ]
zorg (bijv. bejaarden~)	sorg	[sorχ]
zorgzaam (bn)	sorgsaam	[sorχsãm]
jonggehuwden (mv.)	pasgetroudes	[pas·χetræʊdes]
wittebroodsweken (mv.)	wittebroodsdae	[vittebroəds·daə]
trouwen (vrouw)	trou	[træʊ]
trouwen (man)	trou	[træʊ]
bruiloft (de)	bruilof	[brœilof]
gouden bruiloft (de)	goue bruilof	[χæʊə brœilof]
verjaardag (de)	verjaardag	[ferjãr·daχ]
minnaar (de)	minnaar	[minnãr]
minnares (de)	minnares	[minnares]
overspel (het)	owerspel	[overspəl]
overspel plegen (ww)	owerspel pleeg	[overspəl pleəχ]
jaloers (bn)	jaloers	[jalurs]
jaloers zijn (echtgenoot, enz.)	jaloers wees	[jalurs veəs]
echtscheiding (de)	egskeiding	[ɛχskæjdiŋ]
scheiden (ww)	skei	[skæj]
ruzie hebben (ww)	baklei	[baklæj]
vrede sluiten (ww)	versoen	[fersun]
samen (bw)	saam	[sãm]
seks (de)	seks	[seks]
geluk (het)	geluk	[χeluk]
gelukkig (bn)	gelukkig	[χelukkəχ]
ongeluk (het)	ongeluk	[onχəluk]
ongelukkig (bn)	ongelukkig	[onχəlukkəχ]

Karakter. Gevoelens. Emoties

58. Gevoelens. Emoties

gevoel (het)	gevoel	[χeful]
gevoelens (mv.)	gevoelens	[χefulɛŋs]
voelen (ww)	voel	[ful]
honger (de)	honger	[hoŋər]
honger hebben (ww)	honger wees	[hoŋər veəs]
dorst (de)	dors	[dors]
dorst hebben	dors wees	[dors veəs]
slaperigheid (de)	slaperigheid	[slaperiχæjt]
willen slapen	vaak voel	[fāk ful]
moeheid (de)	moegheid	[muχæjt]
moe (bn)	moeg	[muχ]
vermoeid raken (ww)	moeg word	[muχ vort]
stemming (de)	stemming	[stɛmmiŋ]
verveling (de)	verveling	[ferfeliŋ]
zich vervelen (ww)	verveeld wees	[ferveəlt veəs]
afzondering (de)	afsondering	[afsondəriŋ]
zich afzonderen (ww)	jou afsonder	[jæʊ afsondər]
bezorgd maken	bekommerd maak	[bekommərt māk]
bezorgd zijn (ww)	bekommerd wees	[bekommərt veəs]
zorg (bijv. geld~en)	kommerwekkend	[kommər·wɛkkent]
ongerustheid (de)	vrees	[freəs]
ongerust (bn)	behep	[behep]
zenuwachtig zijn (ww)	senuweeagtig wees	[senuveə·aχtəχ veəs]
in paniek raken	paniekerig raak	[panikerəχ rāk]
hoop (de)	hoop	[hoəp]
hopen (ww)	hoop	[hoəp]
zekerheid (de)	sekerheid	[sekərhæjt]
zeker (bn)	seker	[sekər]
onzekerheid (de)	onsekerheid	[ɔŋsekərhæjt]
onzeker (bn)	onseker	[ɔŋsekər]
dronken (bn)	dronk	[dronk]
nuchter (bn)	nugter	[nuχtər]
zwak (bn)	swak	[swak]
gelukkig (bn)	gelukkig	[χelukkəχ]
doen schrikken (ww)	bang maak	[baŋ māk]
toorn (de)	kwaadheid	[kwādhæjt]
woede (de)	woede	[vudə]
depressie (de)	depressie	[deprɛssi]
ongemak (het)	ongemak	[ɔnχəmak]

gemak, comfort (het)	gemak	[χemak]
spijt hebben (ww)	jammer wees	[jammər vees]
spijt (de)	spyt	[spajt]
pech (de)	teëspoed	[teɛsput]
bedroefdheid (de)	droefheid	[drufhæjt]

schaamte (de)	skaamte	[skãmtə]
pret (de), plezier (het)	vreugde	[frøəχdə]
enthousiasme (het)	entoesiasme	[ɛntusiasmə]
enthousiasteling (de)	entoesiasties	[ɛntusiastis]
enthousiasme vertonen	begeestering toon	[beχeəsteriŋ toən]

59. Karakter. Persoonlijkheid

karakter (het)	karakter	[karaktər]
karakterfout (de)	karakterfout	[karaktər·fæʊt]
verstand (het)	verstand	[ferstant]
rede (de)	verstand	[ferstant]

geweten (het)	gewete	[χevetə]
gewoonte (de)	gewoonte	[χevoentə]
bekwaamheid (de)	talent	[talent]
kunnen (bijv., ~ zwemmen)	kan	[kan]

geduldig (bn)	geduldig	[χeduldəχ]
ongeduldig (bn)	ongeduldig	[onχəduldəχ]
nieuwsgierig (bn)	nuuskierig	[nɪskirəχ]
nieuwsgierigheid (de)	nuuskierigheid	[nɪskiriχæjt]

bescheidenheid (de)	beskeidenheid	[beskæjdenhæjt]
bescheiden (bn)	beskeie	[beskæje]
onbescheiden (bn)	onbeskeie	[onbeskæje]

luiheid (de)	luiheid	[lœihæjt]
lui (bn)	lui	[lœi]
luiwammes (de)	luiaard	[lœiãrt]

sluwheid (de)	sluheid	[sluhæjt]
sluw (bn)	slu	[slu]
wantrouwen (het)	wantroue	[vantræʊə]
wantrouwig (bn)	agterdogtig	[aχtərdoχtəχ]

gulheid (de)	gulheid	[χulhæjt]
gul (bn)	gulhartig	[χulhartəχ]
talentrijk (bn)	talentvol	[talentfol]
talent (het)	talent	[talent]

moedig (bn)	moedig	[mudəχ]
moed (de)	moed	[mut]
eerlijk (bn)	eerlik	[eərlik]
eerlijkheid (de)	eerlikheid	[eərlikhæjt]

voorzichtig (bn)	versigtig	[fersiχtəχ]
manhaftig (bn)	dapper	[dappər]

ernstig (bn)	ernstig	[ɛrnstəχ]
streng (bn)	streng	[streŋ]
resoluut (bn)	vasberade	[fasberadə]
onzeker, irresoluut (bn)	besluiteloos	[beslœiteloəs]
schuchter (bn)	skaam	[skãm]
schuchterheid (de)	skaamheid	[skãmhæjt]
vertrouwen (het)	vertroue	[fertræʊə]
vertrouwen (ww)	vertrou	[fertræʊ]
goedgelovig (bn)	goedgelowig	[χudχəlovəχ]
oprecht (bw)	opreg	[opreχ]
oprecht (bn)	opregte	[opreχtə]
oprechtheid (de)	opregtheid	[opreχthæjt]
open (bn)	oop	[oəp]
rustig (bn)	kalm	[kalm]
openhartig (bn)	openhartig	[openhartəχ]
naïef (bn)	naïef	[naïef]
verstrooid (bn)	verstrooid	[ferstrojt]
leuk, grappig (bn)	snaaks	[snãks]
gierigheid (de)	hebsug	[hebsuχ]
gierig (bn)	hebsugtig	[hebsuχtəχ]
inhalig (bn)	gierig	[χirəχ]
kwaad (bn)	boos	[boəs]
koppig (bn)	hardnekkig	[hardnɛkkəχ]
onaangenaam (bn)	onaangenaam	[onãnχənãm]
egoïst (de)	selfsugtig	[sɛlfsuχtəχ]
egoïstisch (bn)	selfsugtig	[sɛlfsuχtəχ]
lafaard (de)	laffaard	[laffãrt]
laf (bn)	lafhartig	[lafhartəχ]

60. Slaap. Dromen

slapen (ww)	slaap	[slãp]
slaap (in ~ vallen)	slaap	[slãp]
droom (de)	droom	[droəm]
dromen (in de slaap)	droom	[droəm]
slaperig (bn)	vaak	[fãk]
bed (het)	bed	[bet]
matras (de)	matras	[matras]
deken (de)	kombers	[kombers]
kussen (het)	kussing	[kussiŋ]
laken (het)	laken	[laken]
slapeloosheid (de)	slaaploosheid	[slãploəshæjt]
slapeloos (bn)	slaaploos	[slãploəs]
slaapmiddel (het)	slaappil	[slãp·pil]
willen slapen	vaak voel	[fãk ful]
geeuwen (ww)	gaap	[χãp]

gaan slapen	gaan slaap	[χān slāp]
het bed opmaken	die bed opmaak	[di bet opmāk]
inslapen (ww)	aan die slaap raak	[ān di slāp rāk]

nachtmerrie (de)	nagmerrie	[naχmerri]
gesnurk (het)	gesnork	[χesnork]
snurken (ww)	snork	[snork]

wekker (de)	wekker	[vɛkkər]
wekken (ww)	wakker maak	[vakkər māk]
wakker worden (ww)	wakker word	[vakkər vort]
opstaan (ww)	opstaan	[opstān]
zich wassen (ww)	jou was	[jæʊ vas]

61. Humor. Gelach. Blijdschap

humor (de)	humor	[humor]
gevoel (het) voor humor	humorsin	[humorsin]
plezier hebben (ww)	jouself geniet	[jæʊsɛlf χenit]
vrolijk (bn)	vrolik	[frolik]
pret (de), plezier (het)	pret	[pret]

glimlach (de)	glimlag	[χlimlaχ]
glimlachen (ww)	glimlag	[χlimlaχ]
beginnen te lachen (ww)	begin lag	[beχin laχ]
lachen (ww)	lag	[laχ]
lach (de)	lag	[laχ]

mop (de)	anekdote	[anekdotə]
grappig (een ~ verhaal)	snaaks	[snāks]
grappig (~e clown)	snaaks	[snāks]

grappen maken (ww)	grappies maak	[χrappis māk]
grap (de)	grappie	[χrappi]
blijheid (de)	vreugde	[frøəχdə]
blij zijn (ww)	bly wees	[blaj veəs]
blij (bn)	bly	[blaj]

62. Discussie, conversatie. Deel 1

communicatie (de)	kommunikasie	[kommunikasi]
communiceren (ww)	kommunikeer	[kommunikeər]

conversatie (de)	gesprek	[χesprek]
dialoog (de)	dialoog	[dialoəχ]
discussie (de)	diskussie	[diskussi]
debat (het)	dispuut	[dispɪt]
debatteren, twisten (ww)	debatteer	[debatteər]

gesprekspartner (de)	gespreksgenoot	[χespreks·χenoət]
thema (het)	onderwerp	[ondərwerp]
standpunt (het)	standpunt	[stand·punt]

mening (de)	opinie	[opini]
toespraak (de)	toespraak	[tusprāk]

bespreking (de)	bespreking	[besprekiŋ]
bespreken (spreken over)	bespreek	[bespreək]
gesprek (het)	gesprek	[χesprek]
spreken (converseren)	gesels	[χesɛls]
ontmoeting (de)	ontmoeting	[ontmutiŋ]
ontmoeten (ww)	ontmoet	[ontmut]

spreekwoord (het)	spreekwoord	[spreək·woərt]
gezegde (het)	gesegde	[χeseχdə]
raadsel (het)	raaisel	[rãjsəl]
wachtwoord (het)	wagwoord	[vaχ·woərt]
geheim (het)	geheim	[χəhæjm]

eed (de)	eed	[eət]
zweren (een eed doen)	sweer	[sweər]
belofte (de)	belofte	[beloftə]
beloven (ww)	beloof	[beloəf]

advies (het)	raad	[rãt]
adviseren (ww)	aanraai	[ãnrãi]
advies volgen (iemands ~)	raad volg	[rãt folχ]
luisteren (gehoorzamen)	luister na	[lœistər na]

nieuws (het)	nuus	[nɪs]
sensatie (de)	sensasie	[sɛŋsasi]
informatie (de)	inligting	[inliχtiŋ]
conclusie (de)	slotsom	[slotsom]
stem (de)	stem	[stem]
compliment (het)	kompliment	[kompliment]
vriendelijk (bn)	gaaf	[χãf]

woord (het)	woord	[voərt]
zin (de), zinsdeel (het)	frase	[frasə]
antwoord (het)	antwoord	[antwoərt]

waarheid (de)	waarheid	[vãrhæjt]
leugen (de)	leuen	[løəen]

gedachte (de)	gedagte	[χedaχtə]
idee (de/het)	idee	[ideə]
fantasie (de)	verbeelding	[ferbeəldiŋ]

63. Discussie, conversatie. Deel 2

gerespecteerd (bn)	gerespekteer	[χerespekteər]
respecteren (ww)	respekteer	[respekteər]
respect (het)	respek	[respek]
Geachte ... (brief)	Geagte ...	[χeaχtə ...]

voorstellen (Mag ik jullie ~)	voorstel	[foərstəl]
kennismaken (met ...)	kennismaak	[kɛnnismãk]

intentie (de)	voorneme	[foərnemə]
intentie hebben (ww)	voornemens wees	[foərnemɛŋs veəs]
wens (de)	wens	[vɛŋs]
wensen (ww)	wens	[vɛŋs]

verbazing (de)	verrassing	[ferrassiŋ]
verbazen (verwonderen)	verras	[ferras]
verbaasd zijn (ww)	verbaas wees	[ferbãs veəs]

geven (ww)	gee	[χeə]
nemen (ww)	vat	[fat]
teruggeven (ww)	teruggee	[teruχeə]
retourneren (ww)	terugvat	[teruχfat]

zich verontschuldigen	verskoning vra	[ferskoniŋ fra]
verontschuldiging (de)	verskoning	[ferskoniŋ]
vergeven (ww)	vergewe	[ferχevə]

spreken (ww)	praat	[prãt]
luisteren (ww)	luister	[lœistər]
aanhoren (ww)	aanhoor	[ãnhoər]
begrijpen (ww)	verstaan	[ferstãn]

tonen (ww)	wys	[vajs]
kijken naar ...	kyk na ...	[kajk na ...]
roepen (vragen te komen)	roep	[rup]
afleiden (storen)	aflei	[aflæj]
storen (lastigvallen)	steur	[støər]
doorgeven (ww)	deurgee	[døərχeə]

verzoek (het)	versoek	[fersuk]
verzoeken (ww)	versoek	[fersuk]
eis (de)	eis	[æjs]
eisen (met klem vragen)	eis	[æjs]

beledigen	terg	[terχ]
(beledigende namen geven)		
uitlachen (ww)	terg	[terχ]
spot (de)	spot	[spot]
bijnaam (de)	bynaam	[bajnãm]

zinspeling (de)	sinspeling	[sinspeliŋ]
zinspelen (ww)	sinspeel	[sinspeəl]
impliceren (duiden op)	impliseer	[impliseər]

beschrijving (de)	beskrywing	[beskrajviŋ]
beschrijven (ww)	beskryf	[beskrajf]
lof (de)	lof	[lof]
loven (ww)	loof	[loəf]

teleurstelling (de)	teleurstelling	[teløərstɛlliŋ]
teleurstellen (ww)	teleurstel	[teløərstəl]
teleurgesteld zijn (ww)	teleurgestel	[teløərχestəl]

| veronderstelling (de) | veronderstelling | [feronderstɛlliŋ] |
| veronderstellen (ww) | veronderstel | [feronderstəl] |

| waarschuwing (de) | waarskuwing | [vãrskuviŋ] |
| waarschuwen (ww) | waarsku | [vãrsku] |

64. Discussie, conversatie. Deel 3

| aanpraten (ww) | ompraat | [omprãt] |
| kalmeren (kalm maken) | kalmeer | [kalmeər] |

stilte (de)	stilte	[stiltə]
zwijgen (ww)	stilbly	[stilblaj]
fluisteren (ww)	fluister	[flœistər]
gefluister (het)	gefluister	[χeflœistər]

| open, eerlijk (bw) | openlik | [openlik] |
| volgens mij ... | volgens my ... | [folχɛŋs maj ...] |

detail (het)	besonderhede	[besondərhedə]
gedetailleerd (bn)	gedetailleerd	[χedetajlleert]
gedetailleerd (bw)	in detail	[in detajl]
hint (de)	wenk	[vɛnk]

blik (de)	kykie	[kajki]
een kijkje nemen	kyk	[kajk]
strak (een ~ke blik)	strak	[strak]
knipperen (ww)	knipper	[knippər]
knipogen (ww)	knipoog	[knipoəχ]
knikken (ww)	knik	[knik]

zucht (de)	sug	[suχ]
zuchten (ww)	sug	[suχ]
huiveren (ww)	huiwer	[hœivər]
gebaar (het)	gebaar	[χebãr]
aanraken (ww)	aanraak	[ãnrãk]
grijpen (ww)	vat	[fat]
een schouderklopje geven	op die skouer tik	[op di skæuər tik]

Kijk uit!	Oppas!	[oppas!]
Echt?	Regtig?	[reχtəχ?]
Bent je er zeker van?	Is jy seker?	[is jaj sekər?]
Succes!	Voorspoed!	[foərspud!]
Juist, ja!	Ek sien!	[ɛk sin!]
Wat jammer!	Jammer!	[jammər!]

65. Overeenstemming. Weigering

instemming (het)	toelating	[tulatiŋ]
instemmen (akkoord gaan)	toelaat	[tulãt]
goedkeuring (de)	goedkeuring	[χudkøøriŋ]
goedkeuren (ww)	goedkeur	[χudkøør]
weigering (de)	weiering	[væjeriŋ]
weigeren (ww)	weier	[væjer]
Geweldig!	Wonderlik!	[vondərlik!]

Goed!	Goed!	[χud!]
Akkoord!	OK!	[okej!]

verboden (bn)	verbode	[ferbodə]
het is verboden	dit is verbode	[dit is ferbodə]
het is onmogelijk	dis onmoontlik	[dis onmoentlik]
onjuist (bn)	onjuis	[onjœis]

afwijzen (ww)	verwerp	[ferwerp]
steunen	steun	[støən]
(een goed doel, enz.)		
aanvaarden (excuses ~)	aanvaar	[ānfãr]

bevestigen (ww)	bevestig	[befestəχ]
bevestiging (de)	bevestiging	[befestəχiŋ]
toestemming (de)	toelating	[tulatiŋ]
toestaan (ww)	toelaat	[tulãt]
beslissing (de)	besluit	[beslœit]
z'n mond houden (ww)	stilbly	[stilblaj]

voorwaarde (de)	voorwaarde	[foərwãrdə]
smoes (de)	verskoning	[ferskoniŋ]
lof (de)	lof	[lof]
loven (ww)	loof	[loəf]

66. Succes. Veel geluk. Mislukking

succes (het)	sukses	[suksɛs]
succesvol (bw)	suksesvol	[suksɛsfol]
succesvol (bn)	suksesvol	[suksɛsfol]

geluk (het)	geluk	[χeluk]
Succes!	Voorspoed!	[foərspud!]

geluks- (bn)	geluks-	[χeluks-]
gelukkig (fortuinlijk)	gelukkig	[χelukkəχ]

mislukking (de)	mislukking	[mislukkiŋ]
tegenslag (de)	teëspoed	[teɛsput]
pech (de)	teëspoed	[teɛsput]

zonder succes (bn)	onsuksesvol	[oŋsuksɛsfol]
catastrofe (de)	katastrofe	[katastrofə]

fierheid (de)	trots	[trots]
fier (bn)	trots	[trots]
fier zijn (ww)	trots wees	[trots veəs]

winnaar (de)	wenner	[vɛnnər]
winnen (ww)	wen	[ven]
verliezen (ww)	verloor	[ferloər]
poging (de)	probeerslag	[probeərslaχ]
pogen, proberen (ww)	probeer	[probeər]
kans (de)	kans	[kaŋs]

67. Ruzies. Negatieve emoties

schreeuw (de)	skreeu	[skriʊ]
schreeuwen (ww)	skreeu	[skriʊ]
beginnen te schreeuwen	begin skreeu	[beχin skriʊ]
ruzie (de)	rusie	[rusi]
ruzie hebben (ww)	baklei	[baklæj]
schandaal (het)	stryery	[strajeraj]
schandaal maken (ww)	spektakel maak	[spektakəl mãk]
conflict (het)	konflik	[konflik]
misverstand (het)	misverstand	[misferstant]
belediging (de)	belediging	[beledəχiŋ]
beledigen	beledig	[beledəχ]
(met scheldwoorden)		
beledigd (bn)	beledig	[beledəχ]
krenking (de)	gekrenktheid	[χekrɛnkthæjt]
krenken (beledigen)	beledig	[beledəχ]
gekwetst worden (ww)	gekrenk voel	[χekrɛnk ful]
verontwaardiging (de)	verontwaardiging	[ferontwãrdəχiŋ]
verontwaardigd zijn (ww)	verontwaardig wees	[ferontwãrdəχ veəs]
klacht (de)	klag	[klaχ]
klagen (ww)	kla	[kla]
verontschuldiging (de)	verskoning	[ferskoniŋ]
zich verontschuldigen	verskoning vra	[ferskoniŋ fra]
excuus vragen	om verskoning vra	[om ferskoniŋ fra]
kritiek (de)	kritiek	[kritik]
bekritiseren (ww)	kritiseer	[kritiseər]
beschuldiging (de)	beskuldiging	[beskuldəχiŋ]
beschuldigen (ww)	beskuldig	[beskuldəχ]
wraak (de)	wraak	[vrãk]
wreken (ww)	wreek	[vreək]
wraak nemen (ww)	wraak neem	[vrãk neəm]
minachting (de)	minagting	[minaχtiŋ]
minachten (ww)	minag	[minaχ]
haat (de)	haat	[hãt]
haten (ww)	haat	[hãt]
zenuwachtig (bn)	senuweeagtig	[senuveə·aχtəχ]
zenuwachtig zijn (ww)	senuweeagtig wees	[senuveə·aχtəχ veəs]
boos (bn)	kwaad	[kwãt]
boos maken (ww)	kwaad maak	[kwãt mãk]
vernedering (de)	vernedering	[fernedəriŋ]
vernederen (ww)	verneder	[fernedər]
zich vernederen (ww)	jouself verneder	[jæʊsɛlf fernedər]
schok (de)	skok	[skok]
schokken (ww)	skok	[skok]

| onaangenaamheid (de) | probleme | [probleme] |
| onaangenaam (bn) | onaangenaam | [onãnχenãm] |

vrees (de)	vrees	[frees]
vreselijk (bijv. ~ onweer)	verskriklik	[ferskriklik]
eng (bn)	vreesaanjaend	[freesãnjaent]
gruwel (de)	afgryse	[afχrajse]
vreselijk (~ nieuws)	vreeslik	[freeslik]

beginnen te beven	begin beef	[beχin beef]
huilen (wenen)	huil	[hœil]
beginnen te huilen (wenen)	begin huil	[beχin hœil]
traan (de)	traan	[trãn]

schuld (~ geven aan)	skuld	[skult]
schuldgevoel (het)	skuldgevoel	[skultχeful]
schande (de)	skande	[skande]
protest (het)	protes	[protes]
stress (de)	stres	[stres]

storen (lastigvallen)	steur	[støer]
kwaad zijn (ww)	woedend wees	[vudent vees]
kwaad (bn)	kwaad	[kwãt]
beëindigen (een relatie ~)	beëindig	[beɛindeχ]
vloeken (ww)	sweer	[sweer]

schrikken (schrik krijgen)	skrik	[skrik]
slaan (iemand ~)	slaan	[slãn]
vechten (ww)	baklei	[baklæj]

regelen (conflict)	besleg	[besleχ]
ontevreden (bn)	ontevrede	[ontefrede]
woedend (bn)	woedend	[vudent]

| Dat is niet goed! | Dis nie goed nie! | [dis ni χut ni!] |
| Dat is slecht! | Dis sleg! | [dis sleχ!] |

Geneeskunde

68. Ziekten

ziekte (de)	**siekte**	[siktə]
ziek zijn (ww)	**siek wees**	[sik veəs]
gezondheid (de)	**gesondheid**	[χesonthæjt]
snotneus (de)	**loopneus**	[loəpnøəs]
angina (de)	**keelontsteking**	[keəl·ontstekiŋ]
verkoudheid (de)	**verkoue**	[ferkæuə]
bronchitis (de)	**bronchitis**	[bronχitis]
longontsteking (de)	**longontsteking**	[loŋ·ontstekiŋ]
griep (de)	**griep**	[χrip]
bijziend (bn)	**bysiende**	[bajsində]
verziend (bn)	**versiende**	[fersində]
scheelheid (de)	**skeelheid**	[skeəlhæjt]
scheel (bn)	**skeel**	[skeəl]
grauwe staar (de)	**katarak**	[katarak]
glaucoom (het)	**gloukoom**	[χlæukoəm]
beroerte (de)	**beroerte**	[berurtə]
hartinfarct (het)	**hartaanval**	[hart·ānfal]
myocardiaal infarct (het)	**hartinfark**	[hart·infark]
verlamming (de)	**verlamming**	[ferlammiŋ]
verlammen (ww)	**verlam**	[ferlam]
allergie (de)	**allergie**	[allerχi]
astma (de/het)	**asma**	[asma]
diabetes (de)	**suikersiekte**	[sœikər·siktə]
tandpijn (de)	**tandpyn**	[tand·pajn]
tandbederf (het)	**tandbederf**	[tand·bederf]
diarree (de)	**diarree**	[diarreə]
constipatie (de)	**hardlywigheid**	[hardlajviχæjt]
maagstoornis (de)	**maagongesteldheid**	[māχ·oŋəstɛldhæjt]
voedselvergiftiging (de)	**voedselvergiftiging**	[fudsəl·ferχiftəχiŋ]
voedselvergiftiging oplopen	**voedselvergiftiging kry**	[fudsəl·ferχiftəχiŋ kraj]
artritis (de)	**artritis**	[artritis]
rachitis (de)	**Engelse siekte**	[ɛŋəlsə siktə]
reuma (het)	**reumatiek**	[røəmatik]
arteriosclerose (de)	**artrosklerose**	[artrosklerosə]
gastritis (de)	**maagontsteking**	[māχ·ontstekiŋ]
blindedarmontsteking (de)	**blindedermontsteking**	[blindəderm·ontstekiŋ]
galblaasontsteking (de)	**galblaasontsteking**	[χalblās·ontstekiŋ]

zweer (de)	maagsweer	[māχsweər]
mazelen (mv.)	masels	[masɛls]
rodehond (de)	Duitse masels	[dœitsə masɛls]
geelzucht (de)	geelsug	[χeəlsuχ]
leverontsteking (de)	hepatitis	[hepatitis]

schizofrenie (de)	skisofrenie	[skisofreni]
dolheid (de)	hondsdolheid	[hondsdolhæjt]
neurose (de)	neurose	[nøərosə]
hersenschudding (de)	harsingskudding	[harsiŋ·skuddiŋ]

kanker (de)	kanker	[kankər]
sclerose (de)	sklerose	[sklerosə]
multiple sclerose (de)	veelvuldige sklerose	[feəlfuldiχə sklerosə]

alcoholisme (het)	alkoholisme	[alkoholismə]
alcoholicus (de)	alkoholikus	[alkoholikus]
syfilis (de)	sifilis	[sifilis]
AIDS (de)	VIGS	[vigs]

tumor (de)	tumor	[tumor]
kwaadaardig (bn)	kwaadaardig	[kwādārdəχ]
goedaardig (bn)	goedaardig	[χudārdəχ]

koorts (de)	koors	[koərs]
malaria (de)	malaria	[malaria]
gangreen (het)	gangreen	[χanχreən]
zeeziekte (de)	seesiekte	[seə·siktə]
epilepsie (de)	epilepsie	[ɛpilepsi]

epidemie (de)	epidemie	[ɛpidemi]
tyfus (de)	tifus	[tifus]
tuberculose (de)	tuberkulose	[tuberkulosə]
cholera (de)	cholera	[χolera]
pest (de)	pes	[pes]

69. Symptomen. Behandelingen. Deel 1

symptoom (het)	simptoom	[simptoəm]
temperatuur (de)	temperatuur	[temperatɪr]
verhoogde temperatuur (de)	koors	[koərs]
polsslag (de)	polsslag	[pols·slaχ]

duizeling (de)	duiseligheid	[dœiseliχæjt]
heet (erg warm)	warm	[varm]
koude rillingen (mv.)	koue rillings	[kæʊə rilliŋs]
bleek (bn)	bleek	[bleək]

hoest (de)	hoes	[hus]
hoesten (ww)	hoes	[hus]
niezen (ww)	nies	[nis]
flauwte (de)	floute	[flæʊtə]
flauwvallen (ww)	flou word	[flæʊ vort]
blauwe plek (de)	blou kol	[blæʊ kol]

buil (de)	knop	[knop]
zich stoten (ww)	stamp	[stamp]
kneuzing (de)	besering	[beseriŋ]
hinken (ww)	hink	[hink]
verstuiking (de)	ontwrigting	[ontwriχtiŋ]
verstuiken (enkel, enz.)	ontwrig	[ontwrəχ]
breuk (de)	breuk	[brøək]
een breuk oplopen	n breuk hê	[n brøək hɛː]
snijwond (de)	sny	[snaj]
zich snijden (ww)	jouself sny	[jæʊsɛlf snaj]
bloeding (de)	bloeding	[bludiŋ]
brandwond (de)	brandwond	[brant·vont]
zich branden (ww)	jouself brand	[jæʊsɛlf brant]
prikken (ww)	prik	[prik]
zich prikken (ww)	jouself prik	[jæʊsɛlf prik]
blesseren (ww)	seermaak	[seərmäk]
blessure (letsel)	besering	[beseriŋ]
wond (de)	wond	[vont]
trauma (het)	trauma	[trɔuma]
IJlen (ww)	yl	[ajl]
stotteren (ww)	stotter	[stottər]
zonnesteek (de)	sonsteek	[sɔŋ·steək]

70. Symptomen. Behandelingen. Deel 2

pijn (de)	pyn	[pajn]
splinter (de)	splinter	[splintər]
zweet (het)	sweet	[sweət]
zweten (ww)	sweet	[sweət]
braking (de)	braak	[bräk]
stuiptrekkingen (mv.)	stuiptrekkings	[stɔeip·trɛkkiŋs]
zwanger (bn)	swanger	[swaŋər]
geboren worden (ww)	gebore word	[χeborə vort]
geboorte (de)	geboorte	[χeboərtə]
baren (ww)	baar	[bär]
abortus (de)	aborsie	[aborsi]
ademhaling (de)	asemhaling	[asemhaliŋ]
inademing (de)	inaseming	[inasemiŋ]
uitademing (de)	uitaseming	[œitasemiŋ]
uitademen (ww)	uitasem	[œitasem]
inademen (ww)	inasem	[inasem]
invalide (de)	invalide	[infalidə]
gehandicapte (de)	kreupel	[krøəpəl]
drugsverslaafde (de)	dwelmslaaf	[dwɛlm·släf]
doof (bn)	doof	[doəf]

stom (bn)	stom	[stom]
doofstom (bn)	doofstom	[doəf·stom]

krankzinnig (bn)	swaksinnig	[swaksinnəχ]
krankzinnige (man)	kranksinnige	[kranksinniχə]
krankzinnige (vrouw)	kranksinnige	[kranksinniχə]
krankzinnig worden	kranksinnig word	[kranksinnəχ vort]

gen (het)	geen	[χeən]
immuniteit (de)	immuniteit	[immunitæjt]
erfelijk (bn)	erflik	[ɛrflik]
aangeboren (bn)	aangebore	[ānχəborə]

virus (het)	virus	[firus]
microbe (de)	mikrobe	[mikrobə]
bacterie (de)	bakterie	[bakteri]
infectie (de)	infeksie	[infeksi]

71. Symptomen. Behandelingen. Deel 3

ziekenhuis (het)	hospitaal	[hospitāl]
patiënt (de)	pasiënt	[pasiɛnt]

diagnose (de)	diagnose	[diaχnosə]
genezing (de)	genesing	[χenesiŋ]
medische behandeling (de)	mediese behandeling	[medisə behandəliŋ]
onder behandeling zijn	behandeling kry	[behandəliŋ kraj]
behandelen (ww)	behandel	[behandəl]
zorgen (zieken ~)	versorg	[fersorχ]
ziekenzorg (de)	versorging	[fersorχiŋ]

operatie (de)	operasie	[operasi]
verbinden (een arm ~)	verbind	[ferbint]
verband (het)	verband	[ferbant]
vaccin (het)	inenting	[inɛntiŋ]
inenten (vaccineren)	inent	[inɛnt]
injectie (de)	inspuiting	[inspœitiŋ]

aanval (de)	aanval	[ānfal]
amputatie (de)	amputasie	[amputasi]
amputeren (ww)	amputeer	[amputeər]
coma (het)	koma	[koma]
intensieve zorg, ICU (de)	intensiewe sorg	[intɛnsivə sorχ]

zich herstellen (ww)	herstel	[herstəl]
toestand (de)	kondisie	[kondisi]
bewustzijn (het)	bewussyn	[bevussajn]
geheugen (het)	geheue	[χəhøə]

trekken (een kies ~)	trek	[trek]
vulling (de)	vulsel	[fulsəl]
vullen (ww)	vul	[ful]
hypnose (de)	hipnose	[hipnosə]
hypnotiseren (ww)	hipnotiseer	[hipnotiseər]

72. Artsen

dokter, arts (de)	dokter	[doktər]
ziekenzuster (de)	verpleegster	[ferpleəχ·stər]
lijfarts (de)	lyfarts	[lajf·arts]

tandarts (de)	tandarts	[tand·arts]
oogarts (de)	oogarts	[oəχ·arts]
therapeut (de)	internis	[internis]
chirurg (de)	chirurg	[ʃirurχ]

psychiater (de)	psigiater	[psiχiatər]
pediater (de)	kinderdokter	[kindər·doktər]
psycholoog (de)	sielkundige	[silkundiχə]
gynaecoloog (de)	ginekoloog	[χinekoloəχ]
cardioloog (de)	kardioloog	[kardioloəχ]

73. Geneeskunde. Medicijnen. Accessoires

| geneesmiddel (het) | medisyn | [medisajn] |
| middel (het) | geneesmiddel | [χeneəs·middəl] |

| voorschrijven (ww) | voorskryf | [foərskrajf] |
| recept (het) | voorskrif | [foərskrif] |

tablet (de/het)	pil	[pil]
zalf (de)	salf	[salf]
ampul (de)	ampul	[ampul]
drank (de)	mengsel	[meŋsəl]
siroop (de)	stroop	[stroəp]

| pil (de) | pil | [pil] |
| poeder (de/het) | poeier | [pujer] |

verband (het)	verband	[ferbant]
watten (mv.)	watte	[vattə]
jodium (het)	iodium	[iodium]

| pleister (de) | pleister | [plæjstər] |
| pipet (de) | oogdrupper | [oəχ·druppər] |

| thermometer (de) | termometer | [termometər] |
| spuit (de) | spuitnaald | [spœit·nãlt] |

| rolstoel (de) | rolstoel | [rol·stul] |
| krukken (mv.) | krukke | [krukkə] |

| pijnstiller (de) | pynstiller | [pajn·stillər] |
| laxeermiddel (het) | lakseermiddel | [lakseər·middəl] |

spiritus (de)	spiritus	[spiritus]
medicinale kruiden (mv.)	geneeskragtige kruie	[χeneəs·kraχtiχə krœiə]
kruiden- (abn)	kruie-	[krœie-]

74. Roken. Tabaksproducten

tabak (de)	**tabak**	[tabak]
sigaret (de)	**sigaret**	[siχaret]
sigaar (de)	**sigaar**	[siχār]
pijp (de)	**pyp**	[pajp]
pakje (~ sigaretten)	**pakkie**	[pakki]
lucifers (mv.)	**vuurhoutjies**	[fɪrhæʊkis]
luciferdoosje (het)	**vuurhoutjiedosie**	[fɪrhæʊki·dosi]
aansteker (de)	**aansteker**	[āŋstekər]
asbak (de)	**asbak**	[asbak]
sigarettendoosje (het)	**sigarethouer**	[siχaret·hæʊər]
sigarettenpijpje (het)	**sigaretpypie**	[siχaret·pajpi]
filter (de/het)	**filter**	[filtər]
roken (ww)	**rook**	[roək]
een sigaret opsteken	**aansteek**	[āŋsteək]
roken (het)	**rook**	[roək]
roker (de)	**roker**	[rokər]
peuk (de)	**stompie**	[stompi]
rook (de)	**rook**	[roək]
as (de)	**as**	[as]

HET MENSELIJKE LEEFGEBIED

Stad

75. Stad. Het leven in de stad

stad (de)	stad	[stat]
hoofdstad (de)	hoofstad	[hoəf·stat]
dorp (het)	dorp	[dorp]
plattegrond (de)	stadskaart	[stats·kārt]
centrum (ov. een stad)	sentrum	[sentrum]
voorstad (de)	voorstad	[foərstat]
voorstads- (abn)	voorstedelik	[foərstedelik]
randgemeente (de)	buitewyke	[bœitəvajkə]
omgeving (de)	omgewing	[omχeviŋ]
blok (huizenblok)	stadswyk	[stats·wajk]
woonwijk (de)	woonbuurt	[voənbɪrt]
verkeer (het)	verkeer	[ferkeər]
verkeerslicht (het)	robot	[robot]
openbaar vervoer (het)	openbare vervoer	[openbarə ferfur]
kruispunt (het)	kruispunt	[krœis·punt]
zebrapad (oversteekplaats)	sebraoorgang	[sebra·oərχaŋ]
onderdoorgang (de)	voetgangertonnel	[futχaŋər·tonnəl]
oversteken (de straat ~)	oorsteek	[oərsteək]
voetganger (de)	voetganger	[futχaŋər]
trottoir (het)	sypaadjie	[saj·pādʒi]
brug (de)	brug	[bruχ]
dijk (de)	wal	[val]
fontein (de)	fontein	[fontæjn]
allee (de)	laning	[laniŋ]
park (het)	park	[park]
boulevard (de)	boulevard	[bulefar]
plein (het)	plein	[plæjn]
laan (de)	laan	[lān]
straat (de)	straat	[strāt]
zijstraat (de)	systraat	[saj·strāt]
doodlopende straat (de)	doodloopstraat	[doədloəp·strāt]
huis (het)	huis	[hœis]
gebouw (het)	gebou	[χebæʊ]
wolkenkrabber (de)	wolkekrabber	[volkə·krabbər]
gevel (de)	gewel	[χevəl]
dak (het)	dak	[dak]

venster (het)	venster	[fɛŋstər]
boog (de)	arkade	[arkadə]
pilaar (de)	kolom	[kolom]
hoek (ov. een gebouw)	hoek	[huk]

vitrine (de)	uitstalraam	[œitstalrām]
gevelreclame (de)	reklamebord	[reklamə·bort]
affiche (de/het)	plakkaat	[plakkāt]
reclameposter (de)	reklameplakkaat	[reklamə·plakkāt]
aanplakbord (het)	aanplakbord	[ānplakbort]

vuilnis (de/het)	vullis	[fullis]
vuilnisbak (de)	vullisbak	[fullis·bak]
afval weggooien (ww)	rommel strooi	[romməl stroj]
stortplaats (de)	vullishoop	[fullis·hoəp]

telefooncel (de)	telefoonhokkie	[telefoən·hokki]
straatlicht (het)	lamppaal	[lamp·pāl]
bank (de)	bank	[bank]

politieagent (de)	polisieman	[polisi·man]
politie (de)	polisie	[polisi]
zwerver (de)	bedelaar	[bedelār]
dakloze (de)	daklose	[daklosə]

76. Stedelijke instellingen

winkel (de)	winkel	[vinkəl]
apotheek (de)	apteek	[apteək]
optiek (de)	optisiën	[optisiɛn]
winkelcentrum (het)	winkelsentrum	[vinkəl·sentrum]
supermarkt (de)	supermark	[supermark]

bakkerij (de)	bakkery	[bakkeraj]
bakker (de)	bakker	[bakkər]
banketbakkerij (de)	banketbakkery	[banket·bakkeraj]
kruidenier (de)	kruidenierswinkel	[krœidenirs·vinkəl]
slagerij (de)	slagter	[slaχtər]

| groentewinkel (de) | groentewinkel | [χruntə·vinkəl] |
| markt (de) | mark | [mark] |

koffiehuis (het)	koffiekroeg	[koffi·kruχ]
restaurant (het)	restaurant	[restourant]
bar (de)	kroeg	[kruχ]
pizzeria (de)	pizzeria	[pizzeria]

kapperssalon (de/het)	haarsalon	[hār·salon]
postkantoor (het)	poskantoor	[pos·kantoər]
stomerij (de)	droogskoonmakers	[droəχ·skoən·makers]
fotostudio (de)	fotostudio	[foto·studio]

| schoenwinkel (de) | skoenwinkel | [skun·vinkəl] |
| boekhandel (de) | boekhandel | [buk·handəl] |

sportwinkel (de)	sportwinkel	[sport·vinkəl]
kledingreparatie (de)	klereherstelwinkel	[klerə·herstəl·vinkəl]
kledingverhuur (de)	klereverhuurwinkel	[klerə·ferhɪr·vinkəl]
videotheek (de)	videowinkel	[video·vinkəl]

circus (de/het)	sirkus	[sirkus]
dierentuin (de)	dieretuin	[dirə·tœin]
bioscoop (de)	bioskoop	[bioskoəp]
museum (het)	museum	[musøəm]
bibliotheek (de)	biblioteek	[biblioteək]

theater (het)	teater	[teatər]
opera (de)	opera	[opera]
nachtclub (de)	nagklub	[naχ·klup]
casino (het)	kasino	[kasino]

moskee (de)	moskee	[moskeə]
synagoge (de)	sinagoge	[sinaχoχə]
kathedraal (de)	katedraal	[katedrāl]
tempel (de)	tempel	[tempəl]
kerk (de)	kerk	[kerk]

instituut (het)	kollege	[kolledʒ]
universiteit (de)	universiteit	[unifersitæjt]
school (de)	skool	[skoəl]

gemeentehuis (het)	stadhuis	[stat·hœis]
stadhuis (het)	stadhuis	[stat·hœis]
hotel (het)	hotel	[hotəl]
bank (de)	bank	[bank]

ambassade (de)	ambassade	[ambassadə]
reisbureau (het)	reisagentskap	[ræjs·aχentskap]
informatieloket (het)	inligtingskantoor	[inliχtiŋs·kantoər]
wisselkantoor (het)	wisselkantoor	[vissəl·kantoər]

| metro (de) | metro | [metro] |
| ziekenhuis (het) | hospitaal | [hospitāl] |

| benzinestation (het) | petrolstasie | [petrol·stasi] |
| parking (de) | parkeerterrein | [parkeər·terræjn] |

77. Stedelijk vervoer

bus, autobus (de)	bus	[bus]
tram (de)	trem	[trem]
trolleybus (de)	trembus	[trembus]
route (de)	busroete	[bus·rutə]
nummer (busnummer, enz.)	nommer	[nommər]

rijden met ...	ry per ...	[raj pər ...]
stappen (in de bus ~)	inklim	[inklim]
afstappen (ww)	uitklim ...	[œitklim ...]
halte (de)	halte	[haltə]

volgende halte (de)	volgende halte	[folχendə haltə]
eindpunt (het)	eindpunt	[æjnd·punt]
dienstregeling (de)	diensrooster	[diŋs·roəstər]
wachten (ww)	wag	[vaχ]

| kaartje (het) | kaartjie | [kärki] |
| reiskosten (de) | reistarief | [ræjs·tarif] |

kassier (de)	kaartjieverkoper	[kärki·ferkopər]
kaartcontrole (de)	kaartjiekontrole	[kärki·kontrolə]
controleur (de)	kontroleur	[kontroløər]

te laat zijn (ww)	laat wees	[lät veəs]
missen (de bus ~)	mis	[mis]
zich haasten (ww)	haastig wees	[hästəχ veəs]

taxi (de)	taxi	[taksi]
taxichauffeur (de)	taxibestuurder	[taksi·bestɪrdər]
met de taxi (bw)	per taxi	[pər taksi]
taxistandplaats (de)	taxistaanplek	[taksi·stänplek]

verkeer (het)	verkeer	[ferkeər]
file (de)	verkeersknoop	[ferkeərs·knoəp]
spitsuur (het)	spitsuur	[spits·ɪr]
parkeren (on.ww.)	parkeer	[parkeər]
parkeren (ov.ww.)	parkeer	[parkeər]
parking (de)	parkeerterrein	[parkeər·terræjn]

metro (de)	metro	[metro]
halte (bijv. kleine treinhalte)	stasie	[stasi]
de metro nemen	die metro vat	[di metro fat]
trein (de)	trein	[træjn]
station (treinstation)	treinstasie	[træjn·stasi]

78. Bezienswaardigheden

monument (het)	monument	[monument]
vesting (de)	fort	[fort]
paleis (het)	paleis	[palæjs]
kasteel (het)	kasteel	[kasteəl]
toren (de)	toring	[toriŋ]
mausoleum (het)	mausoleum	[mɔusoløəm]

architectuur (de)	argitektuur	[arχitektɪr]
middeleeuws (bn)	Middeleeus	[middeliʋs]
oud (bn)	oud	[æʋt]
nationaal (bn)	nasionaal	[naʃionäl]
bekend (bn)	bekend	[bekent]

toerist (de)	toeris	[turis]
gids (de)	gids	[χids]
rondleiding (de)	uitstappie	[œitstappi]
tonen (ww)	wys	[vajs]
vertellen (ww)	vertel	[fertəl]

75

vinden (ww)	vind	[fint]
verdwalen (de weg kwijt zijn)	verdwaal	[ferdwāl]
plattegrond (~ van de metro)	kaart	[kārt]
plattegrond (~ van de stad)	kaart	[kārt]

souvenir (het)	aandenking	[āndenkiŋ]
souvenirwinkel (de)	geskenkwinkel	[χeskɛnk·vinkəl]
foto's maken	fotografeer	[fotoχrafeər]
zich laten fotograferen	jou portret laat maak	[jæʊ portret lāt māk]

79. Winkelen

kopen (ww)	koop	[koəp]
aankoop (de)	aankoop	[ānkoəp]
winkelen (ww)	inkopies doen	[inkopis dun]
winkelen (het)	inkoop	[inkoəp]

open zijn (ov. een winkel, enz.)	oop wees	[oəp veəs]
gesloten zijn (ww)	toe wees	[tu veəs]

schoeisel (het)	skoeisel	[skuisəl]
kleren (mv.)	klere	[klerə]
cosmetica (mv.)	kosmetika	[kosmetika]
voedingswaren (mv.)	voedingsware	[fudiŋs·warə]
geschenk (het)	present	[present]

verkoper (de)	verkoper	[ferkopər]
verkoopster (de)	verkoopsdame	[ferkoəps·damə]

kassa (de)	kassier	[kassir]
spiegel (de)	spieël	[spiɛl]
toonbank (de)	toonbank	[toən·bank]
paskamer (de)	paskamer	[pas·kamər]

aanpassen (ww)	aanpas	[ānpas]
passen (ov. kleren)	pas	[pas]
bevallen (prettig vinden)	hou van	[hæʊ fan]

prijs (de)	prys	[prajs]
prijskaartje (het)	pryskaartjie	[prajs·kārki]
kosten (ww)	kos	[kos]
Hoeveel?	Hoeveel?	[hufeəl?]
korting (de)	afslag	[afslaχ]

niet duur (bn)	billik	[billik]
goedkoop (bn)	goedkoop	[χudkoəp]
duur (bn)	duur	[dɪr]
Dat is duur.	dis duur	[dis dɪr]

verhuur (de)	verhuur	[ferhɪr]
huren (smoking, enz.)	verhuur	[ferhɪr]
krediet (het)	krediet	[kredit]
op krediet (bw)	op krediet	[op kredit]

80. Geld

geld (het)	geld	[χɛlt]
ruil (de)	valutaruil	[faluta·rœil]
koers (de)	wisselkoers	[vissəl·kurs]
geldautomaat (de)	OTM	[o·te·em]
muntstuk (de)	muntstuk	[muntstuk]
dollar (de)	dollar	[dollar]
euro (de)	euro	[øəro]
lire (de)	lira	[lira]
Duitse mark (de)	Duitse mark	[dœitsə mark]
frank (de)	frank	[frank]
pond sterling (het)	pond sterling	[pont sterliŋ]
yen (de)	yen	[jɛn]
schuld (geldbedrag)	skuld	[skult]
schuldenaar (de)	skuldenaar	[skuldenãr]
uitlenen (ww)	uitleen	[œitleən]
lenen (geld ~)	leen	[leən]
bank (de)	bank	[bank]
bankrekening (de)	rekening	[rekəniŋ]
storten (ww)	deponeer	[deponeər]
opnemen (ww)	trek	[trek]
kredietkaart (de)	kredietkaart	[kredit·kãrt]
baar geld (het)	kontant	[kontant]
cheque (de)	tjek	[tʃek]
chequeboekje (het)	tjekboek	[tʃek·buk]
portefeuille (de)	beursie	[bøərsi]
geldbeugel (de)	muntstukbeursie	[muntstuk·bøərsi]
safe (de)	brandkas	[brant·kas]
erfgenaam (de)	erfgenaam	[ɛrfχənãm]
erfenis (de)	erfenis	[ɛrfenis]
fortuin (het)	fortuin	[fortœin]
huur (de)	huur	[hɪr]
huurprijs (de)	huur	[hɪr]
huren (huis, kamer)	huur	[hɪr]
prijs (de)	prys	[prajs]
kostprijs (de)	prys	[prajs]
som (de)	som	[som]
uitgeven (geld besteden)	spandeer	[spandeər]
kosten (mv.)	onkoste	[onkostə]
bezuinigen (ww)	besuinig	[besœinəχ]
zuinig (bn)	ekonomies	[ɛkonomis]
betalen (ww)	betaal	[betãl]
betaling (de)	betaling	[betaliŋ]

wisselgeld (het)	wisselgeld	[vissəl·χɛlt]
belasting (de)	belasting	[belastiŋ]
boete (de)	boete	[butə]
beboeten (bekeuren)	beboet	[bebut]

81. Post. Postkantoor

postkantoor (het)	poskantoor	[pos·kantoər]
post (de)	pos	[pos]
postbode (de)	posbode	[pos·bodə]
openingsuren (mv.)	besigheidsure	[besiχæjts·urə]

brief (de)	brief	[brif]
aangetekende brief (de)	geregistreerde brief	[χereχistreərdə brif]
briefkaart (de)	poskaart	[pos·kãrt]
telegram (het)	telegram	[teleχram]
postpakket (het)	pakkie	[pakki]
overschrijving (de)	geldoorplasing	[χɛld·oərplasiŋ]

ontvangen (ww)	ontvang	[ontfaŋ]
sturen (zenden)	stuur	[stɪr]
verzending (de)	versending	[fersendiŋ]

adres (het)	adres	[adres]
postcode (de)	poskode	[pos·kodə]
verzender (de)	sender	[sendər]
ontvanger (de)	ontvanger	[ontfaŋər]

| naam (de) | voornaam | [foərnãm] |
| achternaam (de) | van | [fan] |

tarief (het)	postarief	[pos·tarif]
standaard (bn)	standaard	[standãrt]
zuinig (bn)	ekonomies	[ɛkonomis]

gewicht (het)	gewig	[χevəχ]
afwegen (op de weegschaal)	weeg	[veəχ]
envelop (de)	koevert	[kufert]
postzegel (de)	posseël	[pos·seɛl]

Woning. Huis. Thuis

82. Huis. Woning

huis (het)	**huis**	[hœis]
thuis (bw)	**tuis**	[tœis]
cour (de)	**werf**	[vɛrf]
omheining (de)	**omheining**	[omhæjniŋ]
baksteen (de)	**baksteen**	[baksteən]
van bakstenen	**baksteen-**	[baksteən-]
steen (de)	**klip**	[klip]
stenen (bn)	**klip-**	[klip-]
beton (het)	**beton**	[beton]
van beton	**beton-**	[beton-]
nieuw (bn)	**nuut**	[nɪt]
oud (bn)	**ou**	[æʊ]
vervallen (bn)	**vervalle**	[ferfallə]
modern (bn)	**moderne**	[modernə]
met veel verdiepingen	**multiverdieping-**	[multi·ferdipiŋ-]
hoog (bn)	**hoë**	[hoɛ]
verdieping (de)	**verdieping**	[ferdipiŋ]
met een verdieping	**enkelverdieping**	[ɛnkəl·ferdipiŋ]
laagste verdieping (de)	**eerste verdieping**	[eərstə ferdipiŋ]
bovenverdieping (de)	**boonste verdieping**	[boəŋstə verdipiŋ]
dak (het)	**dak**	[dak]
schoorsteen (de)	**skoorsteen**	[skoərsteən]
dakpan (de)	**dakteëls**	[daktɛɛls]
pannen- (abn)	**geteël**	[χetɛɛl]
zolder (de)	**solder**	[soldər]
venster (het)	**venster**	[fɛŋstər]
glas (het)	**glas**	[χlas]
vensterbank (de)	**vensterbank**	[fɛŋstər·bank]
luiken (mv.)	**luik**	[lœik]
muur (de)	**muur**	[mɪr]
balkon (het)	**balkon**	[balkon]
regenpijp (de)	**reënpyp**	[reɛn·pajp]
boven (bw)	**bo**	[bo]
naar boven gaan (ww)	**boontoe gaan**	[boentu χān]
afdalen (on.ww.)	**afkom**	[afkom]
verhuizen (ww)	**verhuis**	[ferhœis]

83. Huis. Ingang. Lift

ingang (de)	ingang	[inχaŋ]
trap (de)	trap	[trap]
treden (mv.)	treetjies	[treəkis]
trapleuning (de)	leuning	[løəniŋ]
hal (de)	voorportaal	[foər·portāl]

postbus (de)	posbus	[pos·bus]
vuilnisbak (de)	vullisblik	[fullis·blik]
vuilniskoker (de)	vullisgeut	[fullis·χøət]

lift (de)	hysbak	[hajsbak]
goederenlift (de)	vraghysbak	[fraχ·hajsbak]
liftcabine (de)	hysbak	[hajsbak]
de lift nemen	hysbak neem	[hajsbak neəm]

appartement (het)	woonstel	[voəŋstəl]
bewoners (mv.)	bewoners	[bevoners]
buurman (de)	buurman	[bɪrman]
buurvrouw (de)	buurvrou	[bɪrfræʊ]
buren (mv.)	bure	[burə]

84. Huis. Deuren. Sloten

deur (de)	deur	[døər]
toegangspoort (de)	hek	[hek]
deurkruk (de)	deurknop	[døər·knop]
ontsluiten (ontgrendelen)	oopsluit	[oəpslœit]
openen (ww)	oopmaak	[oəpmāk]
sluiten (ww)	sluit	[slœit]

sleutel (de)	sleutel	[sløətəl]
sleutelbos (de)	bos	[bos]

knarsen (bijv. scharnier)	kraak	[krāk]
knarsgeluid (het)	gekraak	[χekrāk]
scharnier (het)	skarnier	[skarnir]
deurmat (de)	deurmat	[døər·mat]

slot (het)	deurslot	[døər·slot]
sleutelgat (het)	sleutelgat	[sløətəl·χat]
grendel (de)	grendel	[χrendəl]
schuif (de)	deurknip	[døər·knip]
hangslot (het)	hangslot	[haŋslot]

aanbellen (ww)	lui	[lœi]
bel (geluid)	gelui	[χelœi]
deurbel (de)	deurklokkie	[døər·klokki]
belknop (de)	belknoppie	[bɛl·knoppi]

geklop (het)	klop	[klop]
kloppen (ww)	klop	[klop]

code (de)	**kode**	[kodə]
cijferslot (het)	**kombinasieslot**	[kombinasi·slot]
parlofoon (de)	**interkom**	[interkom]
nummer (het)	**nommer**	[nommər]
naambordje (het)	**naambordjie**	[nām·bordʒi]
deurspion (de)	**loergaatjie**	[lurχāki]

85. Huis op het platteland

dorp (het)	**dorp**	[dorp]
moestuin (de)	**groentetuin**	[χruntə·tœin]
hek (het)	**heining**	[hæjniŋ]
houten hekwerk (het)	**spitspaalheining**	[spitspāl·hæjniŋ]
tuinpoortje (het)	**tuinhekkie**	[tœin·hɛkki]

graanschuur (de)	**graanstoorplek**	[χrāŋ·stoərplek]
wortelkelder (de)	**wortelkelder**	[vortəl·keldər]
schuur (de)	**tuinhuisie**	[tœin·hœisi]
waterput (de)	**waterput**	[vatər·put]

kachel (de)	**houtkaggel**	[hæʊt·kaχχəl]
de kachel stoken	**die houtkaggel stook**	[di hæʊt·kaχχəl stoək]
brandhout (het)	**brandhout**	[brant·hæʊt]
houtblok (het)	**stomp**	[stomp]

veranda (de)	**stoep**	[stup]
terras (het)	**dek**	[dek]
bordes (het)	**ingangstrappie**	[inχaŋs·trappi]
schommel (de)	**swaai**	[swāi]

86. Kasteel. Paleis

kasteel (het)	**kasteel**	[kasteəl]
paleis (het)	**paleis**	[palæjs]
vesting (de)	**fort**	[fort]

ringmuur (de)	**ringmuur**	[riŋ·mɪr]
toren (de)	**toring**	[toriŋ]
donjon (de)	**toring**	[toriŋ]

valhek (het)	**valhek**	[falhek]
onderaardse gang (de)	**tonnel**	[tonnəl]
slotgracht (de)	**grag**	[χraχ]

ketting (de)	**ketting**	[kɛttiŋ]
schietgat (het)	**skietgat**	[skitχat]

prachtig (bn)	**pragtig**	[praχtəχ]
majestueus (bn)	**majestueus**	[majestuøəs]

onneembaar (bn)	**onneembaar**	[onneəmbār]
middeleeuws (bn)	**Middeleeus**	[middeliʊs]

87. Appartement

appartement (het)	woonstel	[voəŋstəl]
kamer (de)	kamer	[kamər]
slaapkamer (de)	slaapkamer	[slāp·kamər]
eetkamer (de)	eetkamer	[eet·kamər]
salon (de)	sitkamer	[sit·kamər]
studeerkamer (de)	studeerkamer	[studeer·kamər]
gang (de)	ingangsportaal	[inχaŋs·portāl]
badkamer (de)	badkamer	[bad·kamər]
toilet (het)	toilet	[tojlet]
plafond (het)	plafon	[plafon]
vloer (de)	vloer	[flur]
hoek (de)	hoek	[huk]

88. Appartement. Schoonmaken

schoonmaken (ww)	skoonmaak	[skoənmāk]
opbergen (in de kast, enz.)	bère	[bærə]
stof (het)	stof	[stof]
stoffig (bn)	stoffig	[stoffəχ]
stoffen (ww)	afstof	[afstof]
stofzuiger (de)	stofsuier	[stof·sœiər]
stofzuigen (ww)	stofsuig	[stofsœiχ]
vegen (de vloer ~)	vee	[feə]
veegsel (het)	veegsel	[feəχsəl]
orde (de)	orde	[ordə]
wanorde (de)	wanorde	[vanordə]
zwabber (de)	mop	[mop]
poetsdoek (de)	stoflap	[stoflap]
veger (de)	kort besem	[kort besem]
stofblik (het)	skoppie	[skoppi]

89. Meubels. Interieur

meubels (mv.)	meubels	[møəbɛls]
tafel (de)	tafel	[tafel]
stoel (de)	stoel	[stul]
bed (het)	bed	[bet]
bankstel (het)	rusbank	[rusbank]
fauteuil (de)	gemakstoel	[χemak·stul]
boekenkast (de)	boekkas	[buk·kas]
boekenrek (het)	rak	[rak]
kledingkast (de)	klerekas	[klerə·kas]
kapstok (de)	kapstok	[kapstok]

staande kapstok (de)	kapstok	[kapstok]
commode (de)	laaikas	[lãjkas]
salontafeltje (het)	koffietafel	[koffi·tafəl]

spiegel (de)	spieël	[spiɛl]
tapijt (het)	mat	[mat]
tapijtje (het)	matjie	[maki]

haard (de)	vuurherd	[fɪr·hert]
kaars (de)	kers	[kers]
kandelaar (de)	kandelaar	[kandelãr]

gordijnen (mv.)	gordyne	[ɣordajnə]
behang (het)	muurpapier	[mɪr·papir]
jaloezie (de)	blindings	[blindiŋs]

bureaulamp (de)	tafellamp	[tafel·lamp]
wandlamp (de)	muurlamp	[mɪr·lamp]
staande lamp (de)	staanlamp	[stãn·lamp]
luchter (de)	kroonlugter	[kroən·luχtər]

poot (ov. een tafel, enz.)	poot	[poət]
armleuning (de)	armleuning	[arm·løəniŋ]
rugleuning (de)	rugleuning	[ruχ·løəniŋ]
la (de)	laai	[lãi]

90. Beddengoed

beddengoed (het)	beddegoed	[beddə·χut]
kussen (het)	kussing	[kussiŋ]
kussenovertrek (de)	kussingsloop	[kussiŋ·sloəp]
deken (de)	duvet	[dufet]
laken (het)	laken	[laken]
sprei (de)	bedsprei	[bed·spræj]

91. Keuken

keuken (de)	kombuis	[kombœis]
gas (het)	gas	[χas]
gasfornuis (het)	gasstoof	[χas·stoəf]
elektrisch fornuis (het)	elektriese stoof	[elektrisə stoəf]
oven (de)	oond	[oent]
magnetronoven (de)	mikrogolfoond	[mikroχolf·oent]

koelkast (de)	yskas	[ajs·kas]
diepvriezer (de)	vrieskas	[friskas]
vaatwasmachine (de)	skottelgoedwasser	[skottɛlχud·wassər]

vleesmolen (de)	vleismeul	[flæjs·møəl]
vruchtenpers (de)	versapper	[fersappər]
toaster (de)	broodrooster	[broəd·roəstər]
mixer (de)	menger	[meŋər]

koffiemachine (de)	koffiemasjien	[koffi·maʃin]
koffiepot (de)	koffiepot	[koffi·pot]
koffiemolen (de)	koffiemeul	[koffi·møəl]

fluitketel (de)	fluitketel	[flœit·ketəl]
theepot (de)	teepot	[teə·pot]
deksel (de/het)	deksel	[deksəl]
theezeefje (het)	teesiffie	[teə·siffi]

lepel (de)	lepel	[lepəl]
theelepeltje (het)	teelepeltjie	[teə·lepəlki]
eetlepel (de)	soplepel	[sop·lepəl]
vork (de)	vurk	[furk]
mes (het)	mes	[mes]

vaatwerk (het)	tafelgerei	[tafel·χeræj]
bord (het)	bord	[bort]
schoteltje (het)	piering	[piriŋ]

likeurglas (het)	likeurglas	[likøər·χlas]
glas (het)	glas	[χlas]
kopje (het)	koppie	[koppi]

suikerpot (de)	suikerpot	[sœikər·pot]
zoutvat (het)	soutvaatjie	[sæʊt·fāki]
pepervat (het)	pepervaatjie	[pepər·fāki]
boterschaaltje (het)	botterbakkie	[bottər·bakki]

pan (de)	soppot	[sop·pot]
bakpan (de)	braaipan	[brāj·pan]
pollepel (de)	opskeplepel	[opskep·lepəl]
vergiet (de/het)	vergiet	[ferχit]
dienblad (het)	skinkbord	[skink·bort]

fles (de)	bottel	[bottəl]
glazen pot (de)	fles	[fles]
blik (conserven~)	blikkie	[blikki]

flesopener (de)	botteloopmaker	[bottəl·oəpmakər]
blikopener (de)	blikoopmaker	[blik·oəpmakər]
kurkentrekker (de)	kurktrekker	[kurk·trɛkkər]
filter (de/het)	filter	[filtər]
filteren (ww)	filter	[filtər]

| huisvuil (het) | vullis | [fullis] |
| vuilnisemmer (de) | vullisbak | [fullis·bak] |

92. Badkamer

badkamer (de)	badkamer	[bad·kamər]
water (het)	water	[vatər]
kraan (de)	kraan	[krān]
warm water (het)	warme water	[varmə vatər]
koud water (het)	koue water	[kæʊə vatər]

tandpasta (de)	tandepasta	[tandə·pasta]
tanden poetsen (ww)	tande borsel	[tandə borsəl]
tandenborstel (de)	tandeborsel	[tandə·borsəl]

zich scheren (ww)	skeer	[skeər]
scheercrème (de)	skeerroom	[skeər·roəm]
scheermes (het)	skeermes	[skeər·mes]

wassen (ww)	was	[vas]
een bad nemen	bad	[bat]
douche (de)	stort	[stort]
een douche nemen	stort	[stort]

bad (het)	bad	[bat]
toiletpot (de)	toilet	[tojlet]
wastafel (de)	wasbak	[vas·bak]

| zeep (de) | seep | [seəp] |
| zeepbakje (het) | seepbakkie | [seəp·bakki] |

spons (de)	spons	[spɔŋs]
shampoo (de)	sjampoe	[ʃampu]
handdoek (de)	handdoek	[handduk]
badjas (de)	badjas	[batjas]

was (bijv. handwas)	was	[vas]
wasmachine (de)	wasmasjien	[vas·maʃin]
de was doen	die wasgoed was	[di vasχut vas]
waspoeder (de)	waspoeier	[vas·pujer]

93. Huishoudelijke apparaten

televisie (de)	TV-stel	[te·fe-stəl]
cassettespeler (de)	bandspeler	[band·spelər]
videorecorder (de)	videomasjien	[video·maʃin]
radio (de)	radio	[radio]
speler (de)	speler	[spelər]

videoprojector (de)	videoprojektor	[video·projektor]
home theater systeem (het)	tuisfliekteater	[tœis·flik·teatər]
DVD-speler (de)	DVD-speler	[de·fe·de-spelər]
versterker (de)	versterker	[fersterkər]
spelconsole (de)	videokonsole	[video·kɔŋsolə]

videocamera (de)	videokamera	[video·kamera]
fotocamera (de)	kamera	[kamera]
digitale camera (de)	digitale kamera	[diχitalə kamera]

stofzuiger (de)	stofsuier	[stof·sœiər]
strijkijzer (het)	strykyster	[strajk·ajstər]
strijkplank (de)	strykplank	[strajk·plank]

| telefoon (de) | telefoon | [telefoən] |
| mobieltje (het) | selfoon | [sɛlfoən] |

| schrijfmachine (de) | tikmasjien | [tik·maʃin] |
| naaimachine (de) | naaimasjien | [naj·maʃin] |

microfoon (de)	mikrofoon	[mikrofoən]
koptelefoon (de)	koptelefoon	[kop·telefoən]
afstandsbediening (de)	afstandsbeheer	[afstands·beheər]

CD (de)	CD	[se·de]
cassette (de)	kasset	[kasset]
vinylplaat (de)	plaat	[plāt]

94. Reparaties. Renovatie

renovatie (de)	opknapwerk	[opknap·werk]
renoveren (ww)	opknap	[opknap]
repareren (ww)	herstel	[herstəl]
op orde brengen	aan kant maak	[ān kant māk]
overdoen (ww)	oordoen	[oərdun]

verf (de)	verf	[ferf]
verven (muur ~)	verf	[ferf]
schilder (de)	skilder	[skildər]
kwast (de)	verfborsel	[ferf·borsəl]

| kalk (de) | witkalk | [vitkalk] |
| kalken (ww) | wit | [vit] |

behang (het)	muurpapier	[mɪr·papir]
behangen (ww)	behang	[behaŋ]
lak (de/het)	vernis	[fernis]
lakken (ww)	vernis	[fernis]

95. Loodgieterswerk

water (het)	water	[vatər]
warm water (het)	warme water	[varmə vatər]
koud water (het)	koue water	[kæʋə vatər]
kraan (de)	kraan	[krān]

druppel (de)	druppel	[druppəl]
druppelen (ww)	drup	[drup]
lekken (een lek hebben)	lek	[lek]
lekkage (de)	lekkasie	[lɛkkasi]
plasje (het)	poeletjie	[puləki]

buis, leiding (de)	pyp	[pajp]
stopkraan (de)	kraan	[krān]
verstopt raken (ww)	verstop raak	[ferstop rāk]

gereedschap (het)	gereedskap	[χereədskap]
Engelse sleutel (de)	skroefsleutel	[skruf·sløətəl]
losschroeven (ww)	losskroef	[losskruf]

aanschroeven (ww)	vasskroef	[fasskruf]
ontstoppen (riool, enz.)	oopmaak	[oəpmāk]
loodgieter (de)	loodgieter	[loədχitər]
kelder (de)	kelder	[kɛldər]
riolering (de)	riolering	[riolerinɡ]

96. Brand. Vuurzee

brand (de)	brand	[brant]
vlam (de)	vlam	[flam]
vonk (de)	vonk	[fonk]
rook (de)	rook	[roək]
fakkel (de)	fakkel	[fakkel]
kampvuur (het)	kampvuur	[kampfɪr]

benzine (de)	petrol	[petrol]
kerosine (de)	kerosien	[kerosin]
brandbaar (bn)	ontvambaar	[ontfambār]
ontplofbaar (bn)	ontplofbaar	[ontplofbār]
VERBODEN TE ROKEN!	ROOK VERBODE	[roək ferbodə]

veiligheid (de)	veiligheid	[fæjliχæjt]
gevaar (het)	gevaar	[χefār]
gevaarlijk (bn)	gevaarlik	[χefārlik]

in brand vliegen (ww)	vlam vat	[flam fat]
explosie (de)	ontploffing	[ontploffinɡ]
in brand steken (ww)	aan die brand steek	[ān di brant steek]
brandstichter (de)	brandstigter	[brant·stiχtər]
brandstichting (de)	brandstigting	[brant·stiχtinɡ]

vlammen (ww)	brand	[brant]
branden (ww)	brand	[brant]
afbranden (ww)	afbrand	[afbrant]

de brandweer bellen	die brandweer roep	[di brantveər rup]
brandweerman (de)	brandweerman	[brantveər·man]
brandweerwagen (de)	brandweerwa	[brantveər·wa]
brandweer (de)	brandweer	[brantveər]
uitschuifbare ladder (de)	brandweerwaleer	[brantveər·wa·leər]

brandslang (de)	brandslang	[brant·slanɡ]
brandblusser (de)	brandblusser	[brant·blussər]
helm (de)	helmet	[hɛlmet]
sirene (de)	sirene	[sirenə]

roepen (ww)	skreeu	[skriʊ]
hulp roepen	hulp roep	[hulp rup]
redder (de)	redder	[rɛddər]
redden (ww)	red	[ret]

aankomen (per auto, enz.)	aankom	[ānkom]
blussen (ww)	blus	[blus]
water (het)	water	[vatər]

zand (het)	sand	[sant]
ruïnes (mv.)	ruïnes	[ruïnes]
instorten (gebouw, enz.)	instort	[instort]
ineenstorten (ww)	val	[fal]
inzakken (ww)	instort	[instort]
brokstuk (het)	brokstukke	[brokstukkə]
as (de)	as	[as]
verstikken (ww)	verstik	[ferstik]
omkomen (ww)	omkom	[omkom]

MENSELIJKE ACTIVITEITEN

Baan. Business. Deel 1

97. Bankieren

bank (de)	bank	[bank]
bankfiliaal (het)	tak	[tak]
bankbediende (de)	bankklerk	[bank·klerk]
manager (de)	bestuurder	[bestɪrdər]
bankrekening (de)	bankrekening	[bank·rekəniŋ]
rekeningnummer (het)	rekeningnommer	[rekəniŋ·nommər]
lopende rekening (de)	tjekrekening	[tʃek·rekəniŋ]
spaarrekening (de)	spaarrekening	[spãr·rekəniŋ]
de rekening sluiten	die rekening sluit	[di rekəniŋ slœit]
opnemen (ww)	trek	[trek]
storting (de)	deposito	[deposito]
overschrijving (de)	telegrafiese oorplasing	[teleχrafisə oərplasiŋ]
een overschrijving maken	oorplaas	[oərplãs]
som (de)	som	[som]
Hoeveel?	Hoeveel?	[hufeəl?]
handtekening (de)	handtekening	[hand·tekəniŋ]
ondertekenen (ww)	onderteken	[ondərtekən]
kredietkaart (de)	kredietkaart	[kredit·kãrt]
code (de)	kode	[kodə]
kredietkaartnummer (het)	kredietkaartnommer	[kredit·kãrt·nommər]
geldautomaat (de)	OTM	[o·te·em]
cheque (de)	tjek	[tʃek]
chequeboekje (het)	tjekboek	[tʃek·buk]
lening, krediet (de)	lening	[leniŋ]
garantie (de)	waarborg	[vãrborχ]

98. Telefoon. Telefoongesprek

telefoon (de)	telefoon	[telefoən]
mobieltje (het)	selfoon	[sɛlfoən]
antwoordapparaat (het)	antwoordmasjien	[antwoərt·maʃin]
bellen (ww)	bel	[bəl]

belletje (telefoontje)	oproep	[oprup]
Hallo!	Hallo!	[hallo!]
vragen (ww)	vra	[fra]
antwoorden (ww)	antwoord	[antwoərt]

horen (ww)	hoor	[hoər]
goed (bw)	goed	[χut]
slecht (bw)	nie goed nie	[ni χut ni]
storingen (mv.)	steurings	[støəriŋs]

hoorn (de)	gehoorstuk	[χehoərstuk]
opnemen (ww)	optel	[optəl]
ophangen (ww)	afskakel	[afskakəl]

bezet (bn)	besig	[besəχ]
overgaan (ww)	lui	[lœi]
telefoonboek (het)	telefoongids	[telefoən·χids]

lokaal (bn)	lokale	[lokalə]
lokaal gesprek (het)	lokale oproep	[lokalə oprup]
interlokaal (bn)	langafstand	[lanχ·afstant]
interlokaal gesprek (het)	langafstand oproep	[lanχ·afstant oprup]
buitenlands (bn)	internasionale	[internaʃionalə]
buitenlands gesprek (het)	internasionale oproep	[internaʃionalə oprup]

99. Mobiele telefoon

mobieltje (het)	selfoon	[sɛlfoən]
scherm (het)	skerm	[skerm]
toets, knop (de)	knoppie	[knoppi]
simkaart (de)	SIMkaart	[sim·kãrt]

batterij (de)	battery	[battəraj]
leeg zijn (ww)	pap wees	[pap veəs]
acculader (de)	batterylaaier	[battəraj·lajer]

menu (het)	spyskaart	[spajs·kãrt]
instellingen (mv.)	instellings	[instɛlliŋs]
melodie (beltoon)	wysie	[vajsi]
selecteren (ww)	kies	[kis]
rekenmachine (de)	sakrekenaar	[sakrekənãr]
voicemail (de)	stempos	[stem·pos]
wekker (de)	wekker	[vɛkkər]
contacten (mv.)	kontakte	[kontaktə]

| SMS-bericht (het) | SMS | [es·em·es] |
| abonnee (de) | intekenaar | [intekənãr] |

100. Schrijfbehoeften

| balpen (de) | bolpen | [bol·pen] |
| vulpen (de) | vulpen | [ful·pen] |

potlood (het)	**potlood**	[potloət]
marker (de)	**merkpen**	[merk·pen]
viltstift (de)	**viltpen**	[filt·pen]
notitieboekje (het)	**notaboekie**	[nota·buki]
agenda (boekje)	**dagboek**	[daχ·buk]
liniaal (de/het)	**liniaal**	[liniāl]
rekenmachine (de)	**sakrekenaar**	[sakrekənār]
gom (de)	**uitveër**	[œitfeɛr]
punaise (de)	**duimspyker**	[dœim·spajkər]
paperclip (de)	**skuifspeld**	[skœif·spɛlt]
lijm (de)	**gom**	[χom]
nietmachine (de)	**krammasjien**	[kram·maʃin]
perforator (de)	**ponsmasjien**	[pɔŋs·maʃin]
potloodslijper (de)	**skerpmaker**	[skerp·makər]

Baan. Business. Deel 2

101. Massamedia

krant (de)	koerant	[kurant]
tijdschrift (het)	tydskrif	[tajdskrif]
pers (gedrukte media)	pers	[pers]
radio (de)	radio	[radio]
radiostation (het)	omroep	[omrup]
televisie (de)	televisie	[telefisi]
presentator (de)	aanbieder	[ānbidər]
nieuwslezer (de)	nuusleser	[nɪslesər]
commentator (de)	kommentator	[kommentator]
journalist (de)	joernalis	[jurnalis]
correspondent (de)	korrespondent	[korrespondɛnt]
fotocorrespondent (de)	persfotograaf	[pers·fotoχrāf]
reporter (de)	verslaggewer	[ferslaχ·χevər]
redacteur (de)	redakteur	[redaktøər]
chef-redacteur (de)	hoofredakteur	[hoəf·redaktøər]
zich abonneren op	inteken op ...	[intekən op ...]
abonnement (het)	intekening	[intekəniŋ]
abonnee (de)	intekenaar	[intekənār]
lezen (ww)	lees	[leəs]
lezer (de)	leser	[lesər]
oplage (de)	oplaag	[oplāχ]
maand-, maandelijks (bn)	maandeliks	[māndəliks]
wekelijks (bn)	weekliks	[veəkliks]
nummer (het)	nommer	[nommər]
vers (~ van de pers)	nuwe	[nuvə]
kop (de)	opskrif	[opskrif]
korte artikel (het)	kort artikel	[kort artikəl]
rubriek (de)	kolom	[kolom]
artikel (het)	artikel	[artikəl]
pagina (de)	bladsy	[bladsaj]
reportage (de)	veslag	[feslaχ]
gebeurtenis (de)	gebeurtenis	[χebøərtenis]
sensatie (de)	sensasie	[sɛŋsasi]
schandaal (het)	skandaal	[skandāl]
schandalig (bn)	skandelik	[skandəlik]
groot (~ schandaal, enz.)	groot	[χroət]
programma (het)	program	[proχram]
interview (het)	onderhoud	[ondərhæʊt]

| live uitzending (de) | regstreekse uitsending | [reχstreeksə œitsendiŋ] |
| kanaal (het) | kanaal | [kanāl] |

102. Landbouw

landbouw (de)	landbou	[landbæʊ]
boer (de)	boer	[bur]
boerin (de)	boervrou	[bur·fræʊ]
landbouwer (de)	boer	[bur]

| tractor (de) | trekker | [trɛkkər] |
| maaidorser (de) | stroper | [stropər] |

ploeg (de)	ploeg	[pluχ]
ploegen (ww)	ploeg	[pluχ]
akkerland (het)	ploegland	[pluχlant]
voor (de)	voor	[foər]

zaaien (ww)	saai	[sāi]
zaaimachine (de)	saaier	[sājer]
zaaien (het)	saai	[sāi]

| zeis (de) | sens | [sɛŋs] |
| maaien (ww) | maai | [māi] |

| schop (de) | graaf | [χrāf] |
| spitten (ww) | omspit | [omspit] |

schoffel (de)	skoffel	[skoffəl]
wieden (ww)	skoffel	[skoffəl]
onkruid (het)	onkruid	[onkrœit]

gieter (de)	gieter	[χitər]
begieten (water geven)	nat gooi	[nat χoj]
bewatering (de)	nat gooi	[nat χoj]

| riek, hooivork (de) | gaffel | [χaffəl] |
| hark (de) | hark | [hark] |

kunstmest (de)	misstof	[misstof]
bemesten (ww)	bemes	[bemes]
mest (de)	misstof	[misstof]

veld (het)	veld	[fɛlt]
wei (de)	weiland	[væejlant]
moestuin (de)	groentetuin	[χruntə·tœin]
boomgaard (de)	boord	[boərt]

weiden (ww)	wei	[væj]
herder (de)	herder	[herdər]
weiland (de)	weiland	[væejlant]

| veehouderij (de) | veeboerdery | [fee·burderaj] |
| schapenteelt (de) | skaapboerdery | [skāp·burderaj] |

plantage (de)	aanplanting	[ānplantiŋ]
rijtje (het)	bedding	[beddiŋ]
broeikas (de)	broeikas	[bruikas]

| droogte (de) | droogte | [droəχtə] |
| droog (bn) | droog | [droəχ] |

graan (het)	graan	[χrān]
graangewassen (mv.)	graangewasse	[χrān·χəwassə]
oogsten (ww)	oes	[us]

molenaar (de)	meulenaar	[møəlenār]
molen (de)	meul	[møəl]
malen (graan ~)	maal	[māl]
bloem (bijv. tarwebloem)	meelblom	[meəl·blom]
stro (het)	strooi	[stroj]

103. Gebouw. Bouwproces

bouwplaats (de)	bouperseel	[bæʊ·perseəl]
bouwen (ww)	bou	[bæʊ]
bouwvakker (de)	bouwerker	[bæʊ·verkər]

project (het)	projek	[projek]
architect (de)	argitek	[arχitek]
arbeider (de)	werker	[verkər]

fundering (de)	fondament	[fondament]
dak (het)	dak	[dak]
heipaal (de)	heipaal	[hæjpāl]
muur (de)	muur	[mɪr]

| betonstaal (het) | betonstaal | [betɔŋ·stāl] |
| steigers (mv.) | steiers | [stæjers] |

beton (het)	beton	[beton]
graniet (het)	graniet	[χranit]
steen (de)	klip	[klip]
baksteen (de)	baksteen	[baksteən]

zand (het)	sand	[sant]
cement (de/het)	sement	[sement]
pleister (het)	pleister	[plæjstər]
pleisteren (ww)	pleister	[plæjstər]

verf (de)	verf	[ferf]
verven (muur ~)	verf	[ferf]
ton (de)	drom	[drom]

kraan (de)	kraan	[krān]
heffen, hijsen (ww)	optel	[optəl]
neerlaten (ww)	laat sak	[lāt sak]
bulldozer (de)	stootskraper	[stoət·skrapər]
graafmachine (de)	graafmasjien	[χrāf·maʃin]

graafbak (de)	bak	[bak]
graven (tunnel, enz.)	grawe	[χravə]
helm (de)	helmet	[hɛlmet]

Beroepen en ambachten

104. Zoeken naar werk. Ontslag

baan (de)	**baantjie**	[bānki]
werknemers (mv.)	**personeel**	[personeəl]
personeel (het)	**personeel**	[personeəl]

carrière (de)	**loopbaan**	[loəpbān]
vooruitzichten (mv.)	**vooruitsigte**	[foərœit·siχtə]
meesterschap (het)	**meesterskap**	[meəsterskap]

keuze (de)	**seleksie**	[seleksi]
uitzendbureau (het)	**arbeidsburo**	[arbæjds·buro]
CV, curriculum vitae (het)	**curriculum vitae**	[kurrikulum fitaə]
sollicitatiegesprek (het)	**werksonderhoud**	[werk·ondərhæʊt]
vacature (de)	**vakature**	[fakaturə]

salaris (het)	**salaris**	[salaris]
vaste salaris (het)	**vaste salaris**	[fastə salaris]
loon (het)	**loon**	[loən]

betrekking (de)	**posisie**	[posisi]
taak, plicht (de)	**taak**	[tāk]
takenpakket (het)	**reeks opdragte**	[reəks opdraχtə]
bezig (~ zijn)	**besig**	[besəχ]

ontslagen (ww)	**afdank**	[afdank]
ontslag (het)	**afdanking**	[afdankiŋ]

werkloosheid (de)	**werkloosheid**	[verkloəshæjt]
werkloze (de)	**werkloos**	[verkloəs]
pensioen (het)	**pensioen**	[pɛnsiun]
met pensioen gaan	**met pensioen gaan**	[met pɛnsiun χān]

105. Zakenmensen

directeur (de)	**direkteur**	[direktøər]
beheerder (de)	**bestuurder**	[bestɪrdər]
hoofd (het)	**baas**	[bās]

baas (de)	**hoof**	[hoəf]
superieuren (mv.)	**hoofde**	[hoəfdə]
president (de)	**direkteur**	[direktøər]
voorzitter (de)	**voorsitter**	[foərsittər]

adjunct (de)	**adjunk**	[adjunk]
assistent (de)	**assistent**	[assistent]

| secretaris (de) | sekretaris | [sekretaris] |
| persoonlijke assistent (de) | persoonlike assistent | [persoənlikə assistent] |

zakenman (de)	sakeman	[sakəman]
ondernemer (de)	entrepreneur	[ɛntrəprenøər]
oprichter (de)	stigter	[stiχtər]
oprichten	stig	[stiχ]
(een nieuw bedrijf ~)		

stichter (de)	stigter	[stiχtər]
partner (de)	vennoot	[fɛnnoət]
aandeelhouder (de)	aandeelhouer	[āndeəl·hæʋər]

miljonair (de)	miljoenêr	[miljunær]
miljardair (de)	miljardêr	[miljardær]
eigenaar (de)	eienaar	[æjenãr]
landeigenaar (de)	grondeienaar	[χront·æjenãr]

klant (de)	kliënt	[kliɛnt]
vaste klant (de)	vaste kliënt	[fastə kliɛnt]
koper (de)	koper	[kopər]
bezoeker (de)	besoeker	[besukər]
professioneel (de)	professioneel	[profɛssioneəl]
expert (de)	kenner	[kɛnnər]
specialist (de)	spesialis	[spesialis]

| bankier (de) | bankier | [bankir] |
| makelaar (de) | makelaar | [makəlãr] |

kassier (de)	kassier	[kassir]
boekhouder (de)	boekhouer	[bukhæʋər]
bewaker (de)	veiligheidswag	[fæjliχæjts·waχ]

investeerder (de)	belegger	[beleχər]
schuldenaar (de)	skuldenaar	[skuldenãr]
crediteur (de)	krediteur	[kreditøər]
lener (de)	lener	[lenər]

| importeur (de) | invoerder | [infurdər] |
| exporteur (de) | uitvoerder | [œitfurdər] |

producent (de)	produsent	[produsent]
distributeur (de)	verdeler	[ferdelər]
bemiddelaar (de)	tussenpersoon	[tussən·persoən]

adviseur, consulent (de)	raadgewer	[rāt·χevər]
vertegenwoordiger (de)	verkoopsagent	[ferkoəps·aχent]
agent (de)	agent	[aχent]
verzekeringsagent (de)	versekeringsagent	[fersəkeriŋs·aχent]

106. Dienstverlenende beroepen

| kok (de) | kok | [kok] |
| chef-kok (de) | sjef | [ʃef] |

97

bakker (de)	**bakker**	[bakkər]
barman (de)	**kroegman**	[kruχman]
kelner, ober (de)	**kelner**	[kɛlnər]
serveerster (de)	**kelnerin**	[kɛlnərin]

advocaat (de)	**advokaat**	[adfokāt]
jurist (de)	**prokureur**	[prokurøər]
notaris (de)	**notaris**	[notaris]

elektricien (de)	**elektrisiën**	[ɛlektrisiɛn]
loodgieter (de)	**loodgieter**	[loədχitər]
timmerman (de)	**timmerman**	[timmerman]

masseur (de)	**masseerder**	[masseərdər]
masseuse (de)	**masseerster**	[masseərstər]
dokter, arts (de)	**dokter**	[doktər]

taxichauffeur (de)	**taxibestuurder**	[taksi·bestɪrdər]
chauffeur (de)	**bestuurder**	[bestɪrdər]
koerier (de)	**koerier**	[kurir]

kamermeisje (het)	**kamermeisie**	[kamər·mæjsi]
bewaker (de)	**veiligheidswag**	[fæjliχæjts·waχ]
stewardess (de)	**lugwaardin**	[luχ·wārdin]

meester (de)	**onderwyser**	[ondərwajsər]
bibliothecaris (de)	**bibliotekaris**	[bibliotekaris]
vertaler (de)	**vertaler**	[fertalər]
tolk (de)	**tolk**	[tolk]
gids (de)	**gids**	[χids]

kapper (de)	**haarkapper**	[hār·kappər]
postbode (de)	**posbode**	[pos·bodə]
verkoper (de)	**verkoper**	[ferkopər]

tuinman (de)	**tuinman**	[tœin·man]
huisbediende (de)	**bediende**	[bedində]
dienstmeisje (het)	**bediende**	[bedində]
schoonmaakster (de)	**skoonmaakster**	[skoən·mākstər]

107. Militaire beroepen en rangen

soldaat (rang)	**soldaat**	[soldāt]
sergeant (de)	**sersant**	[sersant]
luitenant (de)	**luitenant**	[lœitənant]
kapitein (de)	**kaptein**	[kaptæjn]

majoor (de)	**majoor**	[majoər]
kolonel (de)	**kolonel**	[kolonəl]
generaal (de)	**generaal**	[χenerāl]
maarschalk (de)	**maarskalk**	[mārskalk]
admiraal (de)	**admiraal**	[admirāl]
militair (de)	**leër**	[leɛr]
soldaat (de)	**soldaat**	[soldāt]

| officier (de) | offisier | [offisir] |
| commandant (de) | kommandant | [kommandant] |

grenswachter (de)	grenswag	[χrɛŋs·waχ]
marconist (de)	radio-operateur	[radio-operatøər]
verkenner (de)	verkenner	[ferkɛnnər]
sappeur (de)	sappeur	[sappøər]
schutter (de)	skutter	[skuttər]
stuurman (de)	navigator	[nafiχator]

108. Ambtenaren. Priesters

| koning (de) | koning | [koniŋ] |
| koningin (de) | koningin | [koniŋin] |

| prins (de) | prins | [prins] |
| prinses (de) | prinses | [prinsəs] |

| tsaar (de) | tsaar | [tsãr] |
| tsarina (de) | tsarina | [tsarina] |

president (de)	president	[president]
minister (de)	minister	[ministər]
eerste minister (de)	eerste minister	[eərstə ministər]
senator (de)	senator	[senator]

diplomaat (de)	diplomaat	[diplomãt]
consul (de)	konsul	[kɔŋsul]
ambassadeur (de)	ambassadeur	[ambassadøər]
adviseur (de)	adviseur	[adfisøər]

ambtenaar (de)	amptenaar	[amptənar]
prefect (de)	prefek	[prefek]
burgemeester (de)	burgermeester	[burgər·meəstər]

| rechter (de) | regter | [reχtər] |
| aanklager (de) | aanklaer | [ãnklaər] |

missionaris (de)	sendeling	[sendəliŋ]
monnik (de)	monnik	[monnik]
abt (de)	ab	[ap]
rabbi, rabbijn (de)	rabbi	[rabbi]

vizier (de)	visier	[fisir]
sjah (de)	sjah	[ʃah]
sjeik (de)	sjeik	[ʃæjk]

109. Agrarische beroepen

imker (de)	byeboer	[bajebur]
herder (de)	herder	[herdər]
landbouwkundige (de)	landboukundige	[landbæʊ·kundiχə]

| veehouder (de) | veeteler | [feə·telər] |
| dierenarts (de) | veearts | [feə·arts] |

landbouwer (de)	boer	[bur]
wijnmaker (de)	wynmaker	[vajn·makər]
zoöloog (de)	dierkundige	[dir·kundiχə]
cowboy (de)	cowboy	[kovboj]

110. Kunst beroepen

| acteur (de) | akteur | [aktøər] |
| actrice (de) | aktrise | [aktrisə] |

| zanger (de) | sanger | [saŋər] |
| zangeres (de) | sangeres | [saŋəres] |

| danser (de) | danser | [daŋsər] |
| danseres (de) | danseres | [daŋsəres] |

| artiest (mann.) | verhoogkunstenaar | [ferhoəχ·kunstənãr] |
| artiest (vrouw.) | verhoogkunstenares | [ferhoəχ·kunstənares] |

muzikant (de)	musikant	[musikant]
pianist (de)	pianis	[pianis]
gitarist (de)	kitaarspeler	[kitãr·spelər]

orkestdirigent (de)	dirigent	[diriχent]
componist (de)	komponis	[komponis]
impresario (de)	impresario	[impresario]

filmregisseur (de)	filmregisseur	[film·reχissøər]
filmproducent (de)	produsent	[produsent]
scenarioschrijver (de)	draaiboekskrywer	[drãjbuk·skrajvər]
criticus (de)	kritikus	[kritikus]

schrijver (de)	skrywer	[skrajvər]
dichter (de)	digter	[diχtər]
beeldhouwer (de)	beeldhouer	[beəldhæʋər]
kunstenaar (de)	kunstenaar	[kunstenãr]

jongleur (de)	jongleur	[jonχløər]
clown (de)	hanswors	[haŋswors]
acrobaat (de)	akrobaat	[akrobãt]
goochelaar (de)	goëlaar	[χoɛlãr]

111. Verschillende beroepen

dokter, arts (de)	dokter	[doktər]
ziekenzuster (de)	verpleegster	[ferpleəχ·stər]
psychiater (de)	psigiater	[psiχiatər]
tandarts (de)	tandarts	[tand·arts]
chirurg (de)	chirurg	[ʃirurχ]

astronaut (de)	astronout	[astronæʊt]
astronoom (de)	astronoom	[astronoəm]
piloot (de)	piloot	[piloət]
chauffeur (de)	bestuurder	[bestɪrdər]
machinist (de)	treindrywer	[træjn·drajvər]
mecanicien (de)	werktuigkundige	[vɛrktœiχ·kundiχə]
mijnwerker (de)	mynwerker	[majn·wɛrkər]
arbeider (de)	werker	[vɛrkər]
bankwerker (de)	slotmaker	[slot·makər]
houtbewerker (de)	skrynwerker	[skrajn·wɛrkər]
draaier (de)	draaibankwerker	[drãjbank·wɛrkər]
bouwvakker (de)	bouwerker	[bæʊ·vɛrkər]
lasser (de)	sweiser	[swæjsər]
professor (de)	professor	[profɛssor]
architect (de)	argitek	[arχitek]
historicus (de)	historikus	[historikus]
wetenschapper (de)	wetenskaplike	[vetɛŋskaplikə]
fysicus (de)	fisikus	[fisikus]
scheikundige (de)	skeikundige	[skæjkundiχə]
archeoloog (de)	argeoloog	[arχeoloəχ]
geoloog (de)	geoloog	[χeoloəχ]
onderzoeker (de)	navorser	[naforsər]
babysitter (de)	babasitter	[babasittər]
leraar, pedagoog (de)	onderwyser	[ondərwajsər]
redacteur (de)	redakteur	[redaktøər]
chef-redacteur (de)	hoofredakteur	[hoəf·redaktøər]
correspondent (de)	korrespondent	[korrespondɛnt]
typiste (de)	tikster	[tikstər]
designer (de)	ontwerper	[ontwerpər]
computerexpert (de)	rekenaarkenner	[rekənãr·kɛnnər]
programmeur (de)	programmeur	[proχrammøər]
ingenieur (de)	ingenieur	[inχeniøər]
matroos (de)	matroos	[matroəs]
zeeman (de)	seeman	[seəman]
redder (de)	redder	[rɛddər]
brandweerman (de)	brandweerman	[brantveer·man]
politieagent (de)	polisieman	[polisi·man]
nachtwaker (de)	bewaker	[bevakər]
detective (de)	speurder	[spøərdər]
douanier (de)	doeanebeampte	[duanə·beamptə]
lijfwacht (de)	lyfwag	[lajf·waχ]
gevangenisbewaker (de)	tronkbewaarder	[tronk·bevãrdər]
inspecteur (de)	inspekteur	[inspektøər]
sportman (de)	sportman	[sportman]
trainer (de)	breier	[bræjer]

slager, beenhouwer (de)	**slagter**	[slaχtər]
schoenlapper (de)	**skoenmaker**	[skun·makər]
handelaar (de)	**handelaar**	[handəlãr]
lader (de)	**laaier**	[lãjer]

kledingstilist (de)	**modeontwerper**	[modə·ontwerpər]
model (het)	**model**	[modəl]

112. Beroepen. Sociale status

scholier (de)	**skoolseun**	[skoəl·søən]
student (de)	**student**	[student]

filosoof (de)	**filosoof**	[filosoəf]
econoom (de)	**ekonoom**	[εkonoəm]
uitvinder (de)	**uitvinder**	[œitfindər]

werkloze (de)	**werkloos**	[verkloəs]
gepensioneerde (de)	**pensioentrekker**	[pεnsiun·trεkkər]
spion (de)	**spioen**	[spiun]

gedetineerde (de)	**gevangene**	[χefaŋənə]
staker (de)	**staker**	[stakər]
bureaucraat (de)	**burokraat**	[burokrãt]
reiziger (de)	**reisiger**	[ræjsiχər]

homoseksueel (de)	**gay**	[χaaj]
hacker (computerkraker)	**kuberkraker**	[kubər·krakər]
hippie (de)	**hippie**	[hippi]

bandiet (de)	**bandiet**	[bandit]
huurmoordenaar (de)	**huurmoordenaar**	[hɪr·moərdenãr]
drugsverslaafde (de)	**dwelmslaaf**	[dwεlm·slãf]
drugshandelaar (de)	**dwelmhandelaar**	[dwεlm·handəlãr]
prostituee (de)	**prostituut**	[prostitɪt]
pooier (de)	**pooier**	[pojer]

tovenaar (de)	**towenaar**	[tovenãr]
tovenares (de)	**heks**	[heks]
piraat (de)	**piraat, seerower**	[pirãt], [seə·rovər]
slaaf (de)	**slaaf**	[slãf]
samoerai (de)	**samoerai**	[samuraj]
wilde (de)	**wilde**	[vildə]

Sport

113. Soorten sporten. Sporters

sportman (de)	**sportman**	[sportman]
soort sport (de/het)	**sportsoorte**	[sport·soərtə]
basketbal (het)	**basketbal**	[basketbal]
basketbalspeler (de)	**basketbalspeler**	[basketbal·spelər]
baseball (het)	**bofbal**	[bofbal]
baseballspeler (de)	**bofbalspeler**	[bofbal·spelər]
voetbal (het)	**sokker**	[sokkər]
voetballer (de)	**sokkerspeler**	[sokkər·spelər]
doelman (de)	**doelwagter**	[dul·waχtər]
hockey (het)	**hokkie**	[hokki]
hockeyspeler (de)	**hokkiespeler**	[hokki·spelər]
volleybal (het)	**vlugbal**	[fluχbal]
volleybalspeler (de)	**vlugbalspeler**	[fluχbal·spelər]
boksen (het)	**boks**	[boks]
bokser (de)	**bokser**	[boksər]
worstelen (het)	**stoei**	[stui]
worstelaar (de)	**stoeier**	[stujer]
karate (de)	**karate**	[karatə]
karateka (de)	**karatevegter**	[karatə·feχtər]
judo (de)	**judo**	[judo]
judoka (de)	**judoka**	[judoka]
tennis (het)	**tennis**	[tɛnnis]
tennisspeler (de)	**tennisspeler**	[tɛnnis·spelər]
zwemmen (het)	**swem**	[swem]
zwemmer (de)	**swemmer**	[swemmər]
schermen (het)	**skerm**	[skerm]
schermer (de)	**skermer**	[skermər]
schaak (het)	**skaak**	[skāk]
schaker (de)	**skaakspeler**	[skāk·spelər]
alpinisme (het)	**alpinisme**	[alpinismə]
alpinist (de)	**alpinis**	[alpinis]
hardlopen (het)	**hardloop**	[hardloəp]

renner (de)	hardloper	[hardlopər]
atletiek (de)	atletiek	[atletik]
atleet (de)	atleet	[atleət]

paardensport (de)	perdry	[perdraj]
ruiter (de)	ruiter	[rœitər]

kunstschaatsen (het)	kunsskaats	[kuns·skāts]
kunstschaatser (de)	kunsskaatser	[kuns·skātsər]
kunstschaatsster (de)	kunsskaatser	[kuns·skātsər]

gewichtheffen (het)	gewigoptel	[χeviχ·optəl]
gewichtheffer (de)	gewigopteller	[χeviχ·optɛllər]

autoraces (mv.)	motorwedren	[motor·wedrən]
coureur (de)	renjaer	[renjaər]

wielersport (de)	fiets	[fits]
wielrenner (de)	fietser	[fitsər]

verspringen (het)	verspring	[fer·spriŋ]
polsstokspringen (het)	polsstokspring	[polsstok·spriŋ]
verspringer (de)	springer	[spriŋər]

114. Soorten sporten. Diversen

Amerikaans voetbal (het)	sokker	[sokkər]
badminton (het)	pluimbal	[plœimbal]
biatlon (de)	tweekamp	[tweəkamp]
biljart (het)	biljart	[biljart]

bobsleeën (het)	bobslee	[bobsleə]
bodybuilding (de)	liggaamsbou	[liχχāmsbæʊ]
waterpolo (het)	waterpolo	[vatər·polo]
handbal (de)	handbal	[handbal]
golf (het)	gholf	[golf]

roeisport (de)	roei	[rui]
duiken (het)	duik	[dœik]
langlaufen (het)	veldski	[fɛlt·ski]
tafeltennis (het)	tafeltennis	[tafel·tɛnnis]

zeilen (het)	seil	[sæjl]
rally (de)	tydren jaag	[tajdren jāχ]
rugby (het)	rugby	[ragbi]
snowboarden (het)	sneeuplankry	[sniʊ·plankraj]
boogschieten (het)	boogskiet	[boəχ·skit]

115. Fitnessruimte

lange halter (de)	staafgewig	[stāf·χevəχ]
halters (mv.)	handgewigte	[hand·χeviχtə]

training machine (de)	oefenmasjien	[ufen·maʃin]
hometrainer (de)	oefenfiets	[ufen·fits]
loopband (de)	trapmeul	[trapmøəl]

rekstok (de)	rekstok	[rekstok]
brug (de) gelijke leggers	brug	[bruχ]
paardsprong (de)	springperd	[spriŋ·pert]
mat (de)	oefenmat	[ufen·mat]

springtouw (het)	springtou	[spriŋ·tæʊ]
aerobics (de)	aërobiese oefeninge	[aɛrobisə ufeniŋə]
yoga (de)	joga	[joga]

116. Sporten. Diversen

Olympische Spelen (mv.)	Olimpiese Spele	[olimpisə spelə]
winnaar (de)	oorwinnaar	[oərwinnãr]
overwinnen (ww)	wen	[ven]
winnen (ww)	wen	[ven]

| leider (de) | leier | [læjer] |
| leiden (ww) | lei | [læj] |

eerste plaats (de)	eerste plek	[eərstə plek]
tweede plaats (de)	tweede plek	[tweədə plek]
derde plaats (de)	derde plek	[derdə plek]

medaille (de)	medalje	[medalje]
trofee (de)	trofee	[trofeə]
beker (de)	beker	[bekər]
prijs (de)	prys	[prajs]
hoofdprijs (de)	hoofprys	[hoəf·prajs]
record (het)	rekord	[rekort]

| finale (de) | finale | [finalə] |
| finale (bn) | finale | [finalə] |

| kampioen (de) | kampioen | [kampiun] |
| kampioenschap (het) | kampioenskap | [kampiunskap] |

stadion (het)	stadion	[stadion]
tribune (de)	tribune	[tribunə]
fan, supporter (de)	ondersteuner	[ondərstøənər]
tegenstander (de)	teëstander	[teɛstandər]

| start (de) | wegspringplek | [veχspriŋ·plek] |
| finish (de) | eindstreep | [æjnd·streəp] |

| nederlaag (de) | nederlaag | [nedərlãχ] |
| verliezen (ww) | verloor | [ferloər] |

rechter (de)	skeidsregter	[skæjds·reχtər]
jury (de)	beoordelaars	[be·oərdelãrs]
stand (~ is 3-1)	stand	[stant]

gelijkspel (het)	**gelykspel**	[χelajkspəl]
in gelijk spel eindigen	**gelykop speel**	[χelajkop speəl]
punt (het)	**punt**	[punt]
uitslag (de)	**puntestand**	[puntəstant]

periode (de)	**periode**	[periodə]
pauze (de)	**rustyd**	[rustajt]

doping (de)	**opkikkers**	[opkikkərs]
straffen (ww)	**straf**	[straf]
diskwalificeren (ww)	**diskwalifiseer**	[diskwalifiseər]

toestel (het)	**apparaat**	[apparãt]
speer (de)	**spies**	[spis]
kogel (de)	**koeël**	[kuɛl]
bal (de)	**bal**	[bal]

doel (het)	**doelwit**	[dulwit]
schietkaart (de)	**teiken**	[tæjkən]
schieten (ww)	**skiet**	[skit]
precies (bijv. precieze schot)	**akkuraat**	[akkurãt]

trainer, coach (de)	**breier**	[bræjer]
trainen (ww)	**afrig**	[afrəχ]
zich trainen (ww)	**oefen**	[ufen]
training (de)	**oefen**	[ufen]

gymnastiekzaal (de)	**gimnastieksaal**	[χimnastik·sãl]
oefening (de)	**oefening**	[ufeniŋ]
opwarming (de)	**opwarm**	[opwarm]

Onderwijs

117. School

school (de)	skool	[skoəl]
schooldirecteur (de)	prinsipaal	[prinsipāl]
leerling (de)	leerder	[leərdər]
leerlinge (de)	leerder	[leərdər]
scholier (de)	skoolseun	[skoəl·søən]
scholiere (de)	skooldogter	[skoəl·doχtər]
leren (lesgeven)	leer	[leər]
studeren (bijv. een taal ~)	leer	[leər]
van buiten leren	van buite leer	[fan bœitə leər]
leren (bijv. ~ tellen)	leer	[leər]
in school zijn	op skool wees	[op skoəl veəs]
(schooljongen zijn)		
naar school gaan	skooltoe gaan	[skoəltu χān]
alfabet (het)	alfabet	[alfabet]
vak (schoolvak)	vak	[fak]
klaslokaal (het)	klaskamer	[klas·kamər]
les (de)	les	[les]
pauze (de)	pouse	[pæʊsə]
bel (de)	skoolbel	[skoəl·bəl]
schooltafel (de)	skoolbank	[skoəl·bank]
schoolbord (het)	bord	[bort]
cijfer (het)	simbool	[simboəl]
goed cijfer (het)	goeie punt	[χuje punt]
slecht cijfer (het)	slegte punt	[sleχtə punt]
fout (de)	fout	[fæʊt]
fouten maken	foute maak	[fæʊtə māk]
corrigeren (fouten ~)	korrigeer	[korriχeər]
spiekbriefje (het)	afskryfbriefie	[afskrajf·brifi]
huiswerk (het)	huiswerk	[hœis·werk]
oefening (de)	oefening	[ufeniŋ]
aanwezig zijn (ww)	aanwesig wees	[ānwesəχ veəs]
absent zijn (ww)	afwesig wees	[afwesəχ veəs]
school verzuimen	stokkies draai	[stokkis drāj]
bestraffen (een stout kind ~)	straf	[straf]
bestraffing (de)	straf	[straf]
gedrag (het)	gedrag	[χedraχ]

cijferlijst (de)	rapport	[rapport]
potlood (het)	potlood	[potloət]
gom (de)	uitveër	[œitfeɛr]
krijt (het)	kryt	[krajt]
pennendoos (de)	potloodsakkie	[potloət·sakki]

boekentas (de)	boekesak	[bukə·sak]
pen (de)	pen	[pen]
schrift (de)	skryfboek	[skrajf·buk]
leerboek (het)	handboek	[hand·buk]
passer (de)	passer	[passər]

technisch tekenen (ww)	tegniese tekeninge maak	[teχnisə tekənikə mãk]
technische tekening (de)	tegniese tekening	[teχnisə tekəniŋ]

gedicht (het)	gedig	[χedəχ]
van buiten (bw)	van buite	[fan bœitə]
van buiten leren	van buite leer	[fan bœitə leər]

vakantie (de)	skoolvakansie	[skoəl·fakaŋsi]
met vakantie zijn	met vakansie wees	[met fakaŋsi veəs]
vakantie doorbrengen	jou vakansie deurbring	[jæʊ fakaŋsi døərbriŋ]

toets (schriftelijke ~)	toets	[tuts]
opstel (het)	opstel	[opstəl]
dictee (het)	diktee	[dikteə]

examen (het)	eksamen	[ɛksamen]
experiment (het)	eksperiment	[ɛksperiment]

118. Hogeschool. Universiteit

academie (de)	akademie	[akademi]
universiteit (de)	universiteit	[unifersitæjt]
faculteit (de)	fakulteit	[fakultæjt]

student (de)	student	[student]
studente (de)	student	[student]
leraar (de)	lektor	[lektor]

collegezaal (de)	lesingsaal	[lesiŋ·sãl]
afgestudeerde (de)	gegradueerde	[χeχradueərdə]

diploma (het)	sertifikaat	[sertifikãt]
dissertatie (de)	proefskrif	[prufskrif]

onderzoek (het)	navorsing	[naforsiŋ]
laboratorium (het)	laboratorium	[laboratorium]

college (het)	lesing	[lesiŋ]
medestudent (de)	medestudent	[medə·student]

studiebeurs (de)	beurs	[bøərs]
academische graad (de)	akademiese graad	[akademisə χrãt]

119. Wetenschappen. Disciplines

wiskunde (de)	wiskunde	[viskundə]
algebra (de)	algebra	[alχebra]
meetkunde (de)	meetkunde	[meətkundə]
astronomie (de)	astronomie	[astronomi]
biologie (de)	biologie	[bioloχi]
geografie (de)	geografie	[χeoχrafi]
geologie (de)	geologie	[χeoloχi]
geschiedenis (de)	geskiedenis	[χeskidenis]
geneeskunde (de)	geneeskunde	[χeneəs·kundə]
pedagogiek (de)	pedagogie	[pedaχoχi]
rechten (mv.)	regte	[reχtə]
fysica, natuurkunde (de)	fisika	[fisika]
scheikunde (de)	chemie	[χemi]
filosofie (de)	filosofie	[filosofi]
psychologie (de)	sielkunde	[silkundə]

120. Schrift. Spelling

grammatica (de)	grammatika	[χrammatika]
vocabulaire (het)	woordeskat	[voərdeskat]
fonetiek (de)	fonetika	[fonetika]
zelfstandig naamwoord (het)	selfstandige naamwoord	[sɛlfstandiχə nãmwoərt]
bijvoeglijk naamwoord (het)	byvoeglike naamwoord	[bajfuχlikə nãmvoərt]
werkwoord (het)	werkwoord	[verk·woərt]
bijwoord (het)	bijwoord	[bij·woərt]
voornaamwoord (het)	voornaamwoord	[foərnãm·voərt]
tussenwerpsel (het)	tussenwerpsel	[tussən·werpsəl]
voorzetsel (het)	voorsetsel	[foərsetsəl]
stam (de)	stam	[stam]
achtervoegsel (het)	agtervoegsel	[aχtər·fuχsəl]
voorvoegsel (het)	voorvoegsel	[foər·fuχsəl]
lettergreep (de)	lettergreep	[lɛttər·χreəp]
achtervoegsel (het)	agtervoegsel, suffiks	[aχtər·fuχsəl], [suffiks]
nadruk (de)	klemteken	[klem·tekən]
afkappingsteken (het)	afkappingsteken	[afkappiŋs·tekən]
punt (de)	punt	[punt]
komma (de/het)	komma	[komma]
puntkomma (de)	kommapunt	[komma·punt]
dubbelpunt (de)	dubbelpunt	[dubbəl·punt]
beletselteken (het)	beletselteken	[beletsəl·tekən]
vraagteken (het)	vraagteken	[frãχ·tekən]
uitroepteken (het)	uitroepteken	[œitrup·tekən]

aanhalingstekens (mv.)	aanhalingstekens	[ānhaliŋs·tekəŋs]
tussen aanhalingstekens (bw)	tussen aanhalingstekens	[tussən ānhaliŋs·tekəŋs]
haakjes (mv.)	hakies	[hakis]
tussen haakjes (bw)	tussen hakies	[tussən hakis]

streepje (het)	koppelteken	[koppəl·tekən]
gedachtestreepje (het)	strepie	[strepi]
spatie	spasie	[spasi]
(~ tussen twee woorden)		

letter (de)	letter	[lɛttər]
hoofdletter (de)	hoofletter	[hoəf·lɛttər]

klinker (de)	klinker	[klinkər]
medeklinker (de)	konsonant	[kɔŋsonant]

zin (de)	sin	[sin]
onderwerp (het)	onderwerp	[ondərwerp]
gezegde (het)	predikaat	[predikāt]

regel (in een tekst)	reël	[reɛl]
alinea (de)	paragraaf	[paraχrāf]

woord (het)	woord	[voərt]
woordgroep (de)	woordgroep	[voərt·χrup]
uitdrukking (de)	uitdrukking	[œitdrukkiŋ]
synoniem (het)	sinoniem	[sinonim]
antoniem (het)	antoniem	[antonim]

regel (de)	reël	[reɛl]
uitzondering (de)	uitsondering	[œitsondəriŋ]
correct (bijv. ~e spelling)	korrek	[korrek]

vervoeging, conjugatie (de)	vervoeging	[ferfuχiŋ]
verbuiging, declinatie (de)	verbuiging	[ferbœəəχiŋ]
naamval (de)	naamval	[nāmfal]
vraag (de)	vraag	[frāχ]
onderstrepen (ww)	onderstreep	[ondərstreəp]
stippellijn (de)	stippellyn	[stippəl·lajn]

121. Vreemde talen

taal (de)	taal	[tāl]
vreemd (bn)	vreemd	[freəmt]
vreemde taal (de)	vreemde taal	[freəmdə tāl]
leren (bijv. van buiten ~)	studeer	[studeər]
studeren (Nederlands ~)	leer	[leər]

lezen (ww)	lees	[leəs]
spreken (ww)	praat	[prāt]
begrijpen (ww)	verstaan	[ferstān]
schrijven (ww)	skryf	[skrajf]
snel (bw)	vinnig	[finnəχ]
langzaam (bw)	stadig	[stadəχ]

vloeiend (bw)	vlot	[flot]
regels (mv.)	reëls	[reɛls]
grammatica (de)	grammatika	[ɣrammatika]
vocabulaire (het)	woordeskat	[voərdeskat]
fonetiek (de)	fonetika	[fonetika]

leerboek (het)	handboek	[hand·buk]
woordenboek (het)	woordeboek	[voərdə·buk]
leerboek (het) voor zelfstudie	selfstudie boek	[sɛlfstudi buk]
taalgids (de)	taalgids	[tāl·χids]

cassette (de)	kasset	[kasset]
videocassette (de)	videoband	[video·bant]
CD (de)	CD	[se·de]
DVD (de)	DVD	[de·fe·de]

alfabet (het)	alfabet	[alfabet]
spellen (ww)	spel	[spel]
uitspraak (de)	uitspraak	[œitsprāk]
accent (het)	aksent	[aksent]

| woord (het) | woord | [voərt] |
| betekenis (de) | betekenis | [betekənis] |

cursus (de)	kursus	[kursus]
zich inschrijven (ww)	inskryf	[inskrajf]
leraar (de)	onderwyser	[ondərwajsər]

vertaling (een ~ maken)	vertaling	[fertaliŋ]
vertaling (tekst)	vertaling	[fertaliŋ]
vertaler (de)	vertaler	[fertalər]
tolk (de)	tolk	[tolk]

| polyglot (de) | poliglot | [poliχlot] |
| geheugen (het) | geheue | [χəhøə] |

122. Sprookjesfiguren

Sinterklaas (de)	Kersvader	[kers·fadər]
Assepoester (de)	Assepoester	[assepustər]
zeemeermin (de)	meermin	[meərmin]
Neptunus (de)	Neptunus	[neptunus]

magiër, tovenaar (de)	towenaar	[tovenār]
goede heks (de)	feetjie	[feəki]
magisch (bn)	magies	[maχis]
toverstokje (het)	towerstaf	[tovər·staf]

sprookje (het)	sprokie	[sproki]
wonder (het)	wonderwerk	[vondərwerk]
dwerg (de)	dwerg	[dwerχ]
veranderen in ... (anders worden)	verander in ...	[ferandər in ...]
geest (de)	gees	[χeəs]

spook (het)	spook	[spoək]
monster (het)	monster	[mɔŋstər]
draak (de)	draak	[drāk]
reus (de)	reus	[røəs]

123. Dierenriem

Ram (de)	Ram	[ram]
Stier (de)	Stier	[stir]
Tweelingen (mv.)	Tweelinge	[tweəliŋə]
Kreeft (de)	Kreef	[kreəf]
Leeuw (de)	Leeu	[liʊ]
Maagd (de)	Maagd	[māχt]

Weegschaal (de)	Weegskaal	[veəχskāl]
Schorpioen (de)	Skerpioen	[skerpiun]
Boogschutter (de)	Boogskutter	[boəχskuttər]
Steenbok (de)	Steenbok	[steənbok]
Waterman (de)	Waterman	[vatərman]
Vissen (mv.)	Visse	[fissə]

karakter (het)	karakter	[karaktər]
karaktertrekken (mv.)	karaktertrekke	[karaktər·trɛkkə]
gedrag (het)	gedrag	[χedraχ]
waarzeggen (ww)	waarsê	[vārsɛ:]
waarzegster (de)	waarsêer	[vārsɛər]
horoscoop (de)	horoskoop	[horoskoəp]

Kunst

124. Theater

theater (het)	teater	[teatər]
opera (de)	opera	[opera]
operette (de)	operette	[operɛttə]
ballet (het)	ballet	[ballet]
affiche (de/het)	plakkaat	[plakkāt]
theatergezelschap (het)	teatergeselskap	[teatər·χesɛlskap]
tournee (de)	toer	[tur]
op tournee zijn	op toer wees	[op tur veəs]
repeteren (ww)	repeteer	[repeteər]
repetitie (de)	repetisie	[repetisi]
repertoire (het)	repertoire	[repertuarə]
voorstelling (de)	voorstelling	[foərstɛliŋ]
spektakel (het)	opvoering	[opfuriŋ]
toneelstuk (het)	toneelstuk	[toneəl·stuk]
biljet (het)	kaartjie	[kārki]
kassa (de)	loket	[lokət]
foyer (de)	voorportaal	[foər·portāl]
garderobe (de)	bewaarkamer	[bevār·kamər]
garderobe nummer (het)	bewaarkamerkaartjie	[bevār·kamər·kārki]
verrekijker (de)	verkyker	[ferkajkər]
plaatsaanwijzer (de)	plekaanwyser	[plek·ānwajsər]
parterre (de)	stalles	[stalles]
balkon (het)	balkon	[balkon]
gouden rang (de)	eerste balkon	[eərstə balkon]
loge (de)	losie	[losi]
rij (de)	ry	[raj]
plaats (de)	sitplek	[sitplek]
publiek (het)	gehoor	[χehoər]
kijker (de)	toehoorders	[tuhoərders]
klappen (ww)	klap	[klap]
applaus (het)	applous	[applæʊs]
ovatie (de)	toejuiging	[tujœəχiŋ]
toneel (op het ~ staan)	verhoog	[ferhoəχ]
gordijn, doek (het)	gordyn	[χordajn]
toneeldecor (het)	dekor	[dekor]
backstage (de)	agter die verhoog	[aχtər di ferhoəχ]
scène (de)	toneel	[toneəl]
bedrijf (het)	bedryf	[bedrajf]
pauze (de)	pouse	[pæʊsə]

125. Bioscoop

acteur (de)	akteur	[aktøər]
actrice (de)	aktrise	[aktrisə]
bioscoop (de)	filmbedryf	[film·bedraJf]
speelfilm (de)	fliek	[flik]
aflevering (de)	episode	[ɛpisodə]
detectivefilm (de)	speurfliek	[spøər·flik]
actiefilm (de)	aksiefliek	[aksi·flik]
avonturenfilm (de)	avontuurfliek	[afontɪr·flik]
sciencefictionfilm (de)	wetenskapfiksiefilm	[vetɛŋskapfiksi·film]
griezelfilm (de)	gruwelfliek	[χruvɛl·flik]
komedie (de)	komedie	[komedi]
melodrama (het)	melodrama	[melodrama]
drama (het)	drama	[drama]
speelfilm (de)	rolprent	[rolprent]
documentaire (de)	dokumentêre rolprent	[dokumentɛrə rolprent]
tekenfilm (de)	tekenfilm	[tekən·film]
stomme film (de)	stilprent	[stil·prent]
rol (de)	rol	[rol]
hoofdrol (de)	hoofrol	[hoəf·rol]
spelen (ww)	speel	[speəl]
filmster (de)	filmster	[film·stər]
bekend (bn)	bekend	[bekent]
beroemd (bn)	beroemd	[berumt]
populair (bn)	gewild	[χevilt]
scenario (het)	draaiboek	[drãjbuk]
scenarioschrijver (de)	draaiboekskrywer	[drãjbuk·skrajvər]
regisseur (de)	filmregisseur	[film·reχissøər]
filmproducent (de)	produsent	[produsent]
assistent (de)	assistent	[assistent]
cameraman (de)	kameraman	[kameraman]
stuntman (de)	waaghals	[vãχhals]
stuntdubbel (de)	dubbel	[dubbəl]
auditie (de)	filmtoets	[film·tuts]
opnamen (mv.)	skiet	[skit]
filmploeg (de)	filmspan	[film·span]
filmset (de)	rolprentstel	[rolprent·stəl]
filmcamera (de)	kamera	[kamera]
bioscoop (de)	bioskoop	[bioskoəp]
scherm (het)	skerm	[skerm]
geluidsspoor (de)	klankbaan	[klank·bān]
speciale effecten (mv.)	spesiale effekte	[spesialə ɛffektə]
ondertiteling (de)	onderskrif	[ondərskrif]
voortiteling, aftiteling (de)	erkenning	[ɛrkɛnniŋ]
vertaling (de)	vertaling	[fertaliŋ]

126. Schilderij

kunst (de)	kuns	[kuns]
schone kunsten (mv.)	skone kunste	[skonə kunstə]
kunstgalerie (de)	kunsgalery	[kuns·χalɛraj]
kunsttentoonstelling (de)	kunsuitstalling	[kuns·œitstalliŋ]

schilderkunst (de)	skildery	[skilderaj]
grafiek (de)	grafiese kuns	[χrafisə kuns]
abstracte kunst (de)	abstrakte kuns	[abstraktə kuns]
impressionisme (het)	impressionisme	[imprɛssionismə]

schilderij (het)	skildery	[skilderaj]
tekening (de)	tekening	[tekəniŋ]
poster (de)	plakkaat	[plakkãt]

illustratie (de)	illustrasie	[illustrasi]
miniatuur (de)	miniatuur	[miniatɪr]
kopie (de)	kopie	[kopi]
reproductie (de)	reproduksie	[reproduksi]

mozaïek (het)	mosaiek	[mosajek]
gebrandschilderd glas (het)	gebrandskilderde venster	[χebrandskilderdə fɛnstər]
fresco (het)	fresko	[fresko]
gravure (de)	gravure	[χrafurə]

buste (de)	borsbeeld	[borsbeəlt]
beeldhouwwerk (het)	beeldhouwerk	[beəldhæʊverk]
beeld (bronzen ~)	standbeeld	[standbeəlt]
gips (het)	gips	[χips]
gipsen (bn)	gips-	[χips-]

portret (het)	portret	[portret]
zelfportret (het)	selfportret	[sɛlf·portret]
landschap (het)	landskap	[landskap]
stilleven (het)	stillewe	[stillevə]
karikatuur (de)	karikatuur	[karikatɪr]
schets (de)	skets	[skets]

verf (de)	verf	[ferf]
aquarel (de)	waterverf	[vatər·ferf]
olieverf (de)	olieverf	[oli·ferf]
potlood (het)	potlood	[potloət]
Oostindische inkt (de)	Indiese ink	[indisə ink]
houtskool (de)	houtskool	[hæʊts·koəl]

| tekenen (met krijt) | teken | [tekən] |
| schilderen (ww) | skilder | [skildər] |

poseren (ww)	poseer	[poseər]
naaktmodel (man)	naakmodel	[nãkmodəl]
naaktmodel (vrouw)	naakmodel	[nãkmodəl]

| kunstenaar (de) | kunstenaar | [kunstenãr] |
| kunstwerk (het) | kunswerk | [kuns·werk] |

meesterwerk (het)	**meesterstuk**	[meəstər·stuk]
studio, werkruimte (de)	**studio**	[studio]
schildersdoek (het)	**doek**	[duk]
schildersezel (de)	**skildersesel**	[skilders·esəl]
palet (het)	**palet**	[palet]
lijst (een vergulde ~)	**raam**	[rãm]
restauratie (de)	**restourasie**	[restæʊrasi]
restaureren (ww)	**restoureer**	[restæʊreər]

127. Literatuur & Poëzie

literatuur (de)	**literatuur**	[literatɪr]
auteur (de)	**skrywer**	[skrajvər]
pseudoniem (het)	**skuilnaam**	[skœil·nãm]
boek (het)	**boek**	[buk]
boekdeel (het)	**deel**	[deəl]
inhoudsopgave (de)	**inhoudsopgawe**	[inhæʊds·opχavə]
pagina (de)	**bladsy**	[bladsaj]
hoofdpersoon (de)	**hoofkarakter**	[hoəf·karaktər]
handtekening (de)	**outograaf**	[æʊtoχrãf]
verhaal (het)	**kortverhaal**	[kort·ferhãl]
novelle (de)	**novelle**	[nofɛllə]
roman (de)	**roman**	[roman]
werk (literatuur)	**werk**	[verk]
fabel (de)	**fabel**	[fabəl]
detectiveroman (de)	**speurroman**	[spøər·roman]
gedicht (het)	**gedig**	[χedəχ]
poëzie (de)	**digkuns**	[diχkuns]
epos (het)	**epos**	[ɛpos]
dichter (de)	**digter**	[diχtər]
fictie (de)	**fiksie**	[fiksi]
sciencefiction (de)	**wetenskapsfiksie**	[vetɛŋskaps·fiksi]
avonturenroman (de)	**avonture**	[afonturə]
opvoedkundige literatuur (de)	**opvoedkundige literatuur**	[opfutkundiχə literatɪr]
kinderliteratuur (de)	**kinderliteratuur**	[kindər·literatɪr]

128. Circus

circus (de/het)	**sirkus**	[sirkus]
chapiteau circus (de/het)	**rondreisende sirkus**	[rondræjsende sirkus]
programma (het)	**program**	[proχram]
voorstelling (de)	**voorstelling**	[foərstɛlliŋ]
nummer (circus ~)	**nommer**	[nommər]
arena (de)	**sirkusring**	[sirkus·riŋ]
pantomime (de)	**pantomime**	[pantomimə]

clown (de)	hanswors	[haŋswors]
acrobaat (de)	akrobaat	[akrobāt]
acrobatiek (de)	akrobatiek	[akrobatik]
gymnast (de)	gimnas	[χimnas]
gymnastiek (de)	gimnastiek	[χimnastik]
salto (de)	salto	[salto]

sterke man (de)	atleet	[atleət]
temmer (de)	temmer	[tɛmmər]
ruiter (de)	ruiter	[rœeitər]
assistent (de)	assistent	[assistent]

stunt (de)	waaghalsige toertjie	[vāχhalsiχə turki]
goocheltruc (de)	goëltoertjie	[χoɛl·turki]
goochelaar (de)	goëlaar	[χoɛlār]

jongleur (de)	jongleur	[jonχløər]
jongleren (ww)	jongleer	[jonχleər]
dierentrainer (de)	dresseerder	[drɛsseər·dər]
dressuur (de)	dressering	[drɛsseriŋ]
dresseren (ww)	afrig	[afrəχ]

129. Muziek. Popmuziek

muziek (de)	musiek	[musik]
muzikant (de)	musikant	[musikant]
muziekinstrument (het)	musiekinstrument	[musik·instrument]
spelen (bijv. gitaar ~)	speel ...	[speəl ...]

gitaar (de)	kitaar	[kitār]
viool (de)	viool	[fioəl]
cello (de)	tjello	[tʃello]
contrabas (de)	kontrabas	[kontrabas]
harp (de)	harp	[harp]

piano (de)	piano	[piano]
vleugel (de)	vleuelklavier	[fløɛl·klafir]
orgel (het)	orrel	[orrəl]

blaasinstrumenten (mv.)	blaasinstrumente	[blās·instrumentə]
hobo (de)	hobo	[hobo]
saxofoon (de)	saksofoon	[saksofoən]
klarinet (de)	klarinet	[klarinet]
fluit (de)	dwarsfluit	[dwars·flœit]
trompet (de)	trompet	[trompet]

| accordeon (de/het) | trekklavier | [trɛkklafir] |
| trommel (de) | trommel | [tromməl] |

duet (het)	duet	[duet]
trio (het)	trio	[trio]
kwartet (het)	kwartet	[kwartet]
koor (het)	koor	[koər]
orkest (het)	orkes	[orkes]

117

popmuziek (de)	**popmusiek**	[pop·musik]
rockmuziek (de)	**rockmusiek**	[rok·musik]
rockgroep (de)	**rockgroep**	[rok·χrup]
jazz (de)	**jazz**	[jazz]

| idool (het) | **held** | [hɛlt] |
| bewonderaar (de) | **bewonderaar** | [bevondərãr] |

concert (het)	**konsert**	[kɔŋsert]
symfonie (de)	**simfonie**	[simfoni]
compositie (de)	**komposisie**	[komposisi]
componeren (muziek ~)	**komponeer**	[komponeər]

zang (de)	**sang**	[saŋ]
lied (het)	**lied**	[lit]
melodie (de)	**wysie**	[vajsi]
ritme (het)	**ritme**	[ritmə]
blues (de)	**blues**	[blues]

bladmuziek (de)	**bladmusiek**	[blad·musik]
dirigeerstok (baton)	**dirigeerstok**	[diriχeər·stok]
strijkstok (de)	**strykstok**	[strajk·stok]
snaar (de)	**snaar**	[snãr]
koffer (de)	**houer**	[hæʊər]

Rusten. Entertainment. Reizen

130. Trip. Reizen

toerisme (het)	toerisme	[turismə]
toerist (de)	toeris	[turis]
reis (de)	reis	[ræjs]
avontuur (het)	avontuur	[afontɪr]
tocht (de)	reis	[ræjs]
vakantie (de)	vakansie	[fakaŋsi]
met vakantie zijn	met vakansie wees	[met fakaŋsi veəs]
rust (de)	rus	[rus]
trein (de)	trein	[træjn]
met de trein	per trein	[pər træjn]
vliegtuig (het)	vliegtuig	[flixtœix]
met het vliegtuig	per vliegtuig	[pər flixtœix]
met de auto	per motor	[pər motor]
per schip (bw)	per skip	[pər skip]
bagage (de)	bagasie	[baxasi]
valies (de)	tas	[tas]
bagagekarretje (het)	bagasiekarretjie	[baxasi·karrəki]
paspoort (het)	paspoort	[paspoərt]
visum (het)	visum	[fisum]
kaartje (het)	kaartjie	[kãrki]
vliegticket (het)	lugkaartjie	[lux·kãrki]
reisgids (de)	reisgids	[ræjsxids]
kaart (de)	kaart	[kãrt]
gebied (landelijk ~)	gebied	[xebit]
plaats (de)	plek	[plek]
exotische bestemming (de)	eksotiese dinge	[ɛksotisə diŋə]
exotisch (bn)	eksoties	[ɛksotis]
verwonderlijk (bn)	verbasend	[ferbasent]
groep (de)	groep	[xrup]
rondleiding (de)	uitstappie	[œitstappi]
gids (de)	gids	[xids]

131. Hotel

motel (het)	motel	[motəl]
3-sterren	drie-ster	[dri-stər]
5-sterren	vyf-ster	[fajf-stər]

overnachten (ww)	oornag	[oərnaχ]
kamer (de)	kamer	[kamər]
eenpersoonskamer (de)	enkelkamer	[ɛnkəl·kamər]
tweepersoonskamer (de)	dubbelkamer	[dubbəl·kamər]

| halfpension (het) | met aandete, bed en ontbyt | [met ãndetə], [bet en ontbajt] |
| volpension (het) | volle losies | [follə losis] |

met badkamer	met bad	[met bat]
met douche	met stortbad	[met stort·bat]
satelliet-tv (de)	satelliet-TV	[satɛllit-te·fe]
airconditioner (de)	lugversorger	[luχfersorχər]
handdoek (de)	handdoek	[handduk]
sleutel (de)	sleutel	[sløətəl]

administrateur (de)	bestuurder	[bestɪrdər]
kamermeisje (het)	kamermeisie	[kamər·mæjsi]
piccolo (de)	hoteljoggie	[hotəl·joχi]
portier (de)	portier	[portir]

restaurant (het)	restaurant	[restɔurant]
bar (de)	kroeg	[kruχ]
ontbijt (het)	ontbyt	[ontbajt]
avondeten (het)	aandete	[ãndetə]
buffet (het)	buffetete	[buffetetə]

| hal (de) | voorportaal | [foər·portãl] |
| lift (de) | hysbak | [hajsbak] |

| NIET STOREN | MOENIE STEUR NIE | [muni støər ni] |
| VERBODEN TE ROKEN! | ROOK VERBODE | [roək ferbodə] |

132. Boeken. Lezen

boek (het)	boek	[buk]
auteur (de)	outeur	[æʊtøər]
schrijver (de)	skrywer	[skrajvər]
schrijven (een boek)	skryf	[skrajf]

lezer (de)	leser	[lesər]
lezen (ww)	lees	[leəs]
lezen (het)	lees	[leəs]

| stil (~ lezen) | stil | [stil] |
| hardop (~ lezen) | hardop | [hardop] |

uitgeven (boek ~)	uitgee	[œitχeə]
uitgeven (het)	uitgee	[œitχeə]
uitgever (de)	uitgewer	[œitχevər]
uitgeverij (de)	uitgewery	[œitχevəraj]

verschijnen (bijv. boek)	verskyn	[ferskajn]
verschijnen (het)	verskyn	[ferskajn]
oplage (de)	oplaag	[oplãχ]

| boekhandel (de) | boekhandel | [buk·handəl] |
| bibliotheek (de) | biblioteek | [biblioteək] |

novelle (de)	novelle	[nofɛllə]
verhaal (het)	kortverhaal	[kort·ferhãl]
roman (de)	roman	[roman]
detectiveroman (de)	speurroman	[spøər·roman]

memoires (mv.)	memoires	[memuares]
legende (de)	legende	[leχendə]
mythe (de)	mite	[mitə]

gedichten (mv.)	poësie	[poɛsi]
autobiografie (de)	outobiografie	[æʊtobioχrafi]
bloemlezing (de)	bloemlesing	[blumlesiŋ]
sciencefiction (de)	wetenskapsfiksie	[vetɛŋskaps·fiksi]
naam (de)	titel	[titel]
inleiding (de)	inleiding	[inlæjdiŋ]
voorblad (het)	titelblad	[titel·blat]

hoofdstuk (het)	hoofstuk	[hoəfstuk]
fragment (het)	fragment	[fraχment]
episode (de)	episode	[ɛpisodə]

intrige (de)	plot	[plot]
inhoud (de)	inhoud	[inhæʊt]
inhoudsopgave (de)	inhoudsopgawe	[inhæʊds·opχavə]
hoofdpersonage (het)	hoofkarakter	[hoəf·karaktər]

boekdeel (het)	deel	[deəl]
omslag (de/het)	omslag	[omslaχ]
boekband (de)	band	[bant]
bladwijzer (de)	bladwyser	[blat·vajsər]

pagina (de)	bladsy	[bladsaj]
bladeren (ww)	deurblaai	[døərblãi]
marges (mv.)	marges	[marχəs]
annotatie (de)	annotasie	[annotasi]
opmerking (de)	voetnota	[fut·nota]

tekst (de)	teks	[teks]
lettertype (het)	lettertipe	[lɛttər·tipə]
drukfout (de)	drukfout	[druk·fæʊt]

vertaling (de)	vertaling	[fertaliŋ]
vertalen (ww)	vertaal	[fertãl]
origineel (het)	oorspronklike	[oərspronklikə]

beroemd (bn)	beroemd	[berumt]
onbekend (bn)	onbekend	[onbekent]
interessant (bn)	interessante	[interessantə]
bestseller (de)	blitsverkoper	[blits·ferkopər]

woordenboek (het)	woordeboek	[voərdə·buk]
leerboek (het)	handboek	[hand·buk]
encyclopedie (de)	ensiklopedie	[ɛŋsiklopedi]

133. Jacht. Vissen

jacht (de)	jag	[jaχ]
jagen (ww)	jag	[jaχ]
jager (de)	jagter	[jaχtər]
schieten (ww)	skiet	[skit]
geweer (het)	geweer	[χeveər]
patroon (de)	patroon	[patroən]
hagel (de)	hael	[haəl]

val (de)	slagyster	[slaχ·ajstər]
valstrik (de)	valstrik	[falstrik]
in de val trappen	in die valstrik trap	[in di falstrik trap]
een val zetten	n valstrik lê	[ə falstrik lɛ:]

stroper (de)	wildstroper	[vilt·stropər]
wild (het)	wild	[vilt]
jachthond (de)	jaghond	[jaχ·hont]
safari (de)	safari	[safari]
opgezet dier (het)	opgestopte dier	[opχestoptə dir]

visser (de)	visterman	[fisterman]
visvangst (de)	vis vang	[fis faŋ]
vissen (ww)	vis vang	[fis faŋ]

hengel (de)	visstok	[fis·stok]
vislijn (de)	vislyn	[fis·lajn]
haak (de)	vishoek	[fis·huk]
dobber (de)	vlotter	[flottər]
aas (het)	aas	[ās]

de hengel uitwerpen	lyngooi	[lajnχoj]
bijten (ov. de vissen)	byt	[bajt]
vangst (de)	vang	[faŋ]
wak (het)	gat in die ys	[χat in di ajs]

net (het)	visnet	[fis·net]
boot (de)	boot	[boət]
het net uitwerpen	die net gooi	[di net χoj]
het net binnenhalen	die net intrek	[di net intrek]
in het net vallen	in die net val	[in di net fal]

walvisvangst (de)	walvisvanger	[valfis·vaŋər]
walvisvaarder (de)	walvisboot	[valfis·boət]
harpoen (de)	harpoen	[harpun]

134. Spellen. Biljart

biljart (het)	biljart	[biljart]
biljartzaal (de)	biljartkamer	[biljart·kamər]
biljartbal (de)	bal	[bal]
keu (de)	biljartstok	[biljart·stok]
gat (het)	sakkie	[sakki]

135. Spellen. Speelkaarten

ruiten (mv.)	diamante	[diamantə]
schoppen (mv.)	skoppens	[skoppɛns]
klaveren (mv.)	harte	[hartə]
harten (mv.)	klawers	[klavərs]
aas (de)	aas	[ās]
koning (de)	koning	[koniŋ]
dame (de)	dame	[damə]
boer (de)	boer	[bur]
speelkaart (de)	speelkaart	[speəl·kārt]
kaarten (mv.)	kaarte	[kārtə]
troef (de)	troefkaart	[truf·kārt]
pak (het) kaarten	pak kaarte	[pak kārtə]
punt (bijv. vijftig ~en)	punt	[punt]
uitdelen (kaarten ~)	uitdeel	[œitdeəl]
schudden (de kaarten ~)	skommel	[skomməl]
beurt (de)	beurt	[bøərt]
valsspeler (de)	valsspeler	[fals·spelər]

136. Rusten. Spellen. Diversen

wandelen (on.ww.)	wandel	[vandəl]
wandeling (de)	wandeling	[vandəliŋ]
trip (per auto)	motorrit	[motor·rit]
avontuur (het)	avontuur	[afontɪr]
picknick (de)	piekniek	[piknik]
spel (het)	spel	[spel]
speler (de)	speler	[spelər]
partij (de)	spel	[spel]
collectioneur (de)	versamelaar	[fersamelār]
collectioneren (ww)	versamel	[fersaməl]
collectie (de)	versameling	[fersaməliŋ]
kruiswoordraadsel (het)	blokkiesraaisel	[blokkis·rāisəl]
hippodroom (de)	perderesiesbaan	[perdə·resisbān]
discotheek (de)	disko	[disko]
sauna (de)	sauna	[sɔuna]
loterij (de)	lotery	[loteraj]
trektocht (kampeertocht)	kampeeruitstappie	[kampeər·ajtstappi]
kamp (het)	kamp	[kamp]
tent (de)	tent	[tɛnt]
kompas (het)	kompas	[kompas]
rugzaktoerist (de)	kampeerder	[kampeərdər]
bekijken (een film ~)	kyk	[kajk]
kijker (televisie~)	kyker	[kajkər]
televisie-uitzending (de)	TV-program	[te·fe-proχram]

137. Fotografie

fotocamera (de)	**kamera**	[kamera]
foto (de)	**foto**	[foto]
fotograaf (de)	**fotograaf**	[fotoχrãf]
fotostudio (de)	**fotostudio**	[foto·studio]
fotoalbum (het)	**fotoalbum**	[foto·album]
lens (de), objectief (het)	**kameralens**	[kamera·lɛŋs]
telelens (de)	**telefotolens**	[telefoto·lɛŋs]
filter (de/het)	**filter**	[filtər]
lens (de)	**lens**	[lɛŋs]
optiek (de)	**optiek**	[optik]
diafragma (het)	**diafragma**	[diafraχma]
belichtingstijd (de)	**beligtingstyd**	[beliχtiŋs·tajt]
zoeker (de)	**soeker**	[sukər]
digitale camera (de)	**digitale kamera**	[diχitalə kamera]
statief (het)	**driepoot**	[dripoət]
flits (de)	**flits**	[flits]
fotograferen (ww)	**fotografeer**	[fotoχrafeər]
foto's maken	**fotografeer**	[fotoχrafeər]
zich laten fotograferen	**jou portret laat maak**	[jæʊ portret lãt mãk]
focus (de)	**fokus**	[fokus]
scherpstellen (ww)	**fokus**	[fokus]
scherp (bn)	**skerp**	[skerp]
scherpte (de)	**skerpheid**	[skerphæjt]
contrast (het)	**kontras**	[kontras]
contrastrijk (bn)	**kontrasryk**	[kontrasrajk]
kiekje (het)	**kiekie**	[kiki]
negatief (het)	**negatief**	[neχatif]
filmpje (het)	**rolfilm**	[rolfilm]
beeld (frame)	**raampie**	[rãmpi]
afdrukken (foto's ~)	**druk**	[druk]

138. Strand. Zwemmen

strand (het)	**strand**	[strant]
zand (het)	**sand**	[sant]
leeg (~ strand)	**verlate**	[ferlatə]
bruine kleur (de)	**sonbruin kleur**	[sonbrœin kløər]
zonnebaden (ww)	**bruinbrand**	[brœinbrant]
gebruind (bn)	**bruingebrand**	[brœiŋəbrant]
zonnecrème (de)	**sonskermroom**	[sɔŋ·skerm·roəm]
bikini (de)	**bikini**	[bikini]
badpak (het)	**baaikostuum**	[bãj·kostɪm]

zwembroek (de)	baaibroek	[bãj·bruk]
zwembad (het)	swembad	[swem·bat]
zwemmen (ww)	swem	[swem]
douche (de)	stort	[stort]
zich omkleden (ww)	verklee	[fɛrkleə]
handdoek (de)	handdoek	[handduk]

boot (de)	boot	[boət]
motorboot (de)	motorboot	[motor·boət]

waterski's (mv.)	waterski	[vatər·ski]
waterfiets (de)	waterfiets	[vatər·fits]
surfen (het)	branderplankry	[brandərplank·raj]
surfer (de)	branderplankryer	[brandərplank·rajer]

scuba, aqualong (de)	duiklong	[dœiklɔŋ]
zwemvliezen (mv.)	paddavoet	[padda·fut]
duikmasker (het)	duikmasker	[dœik·maskər]
duiker (de)	duiker	[dœikər]
duiken (ww)	duik	[dœik]
onder water (bw)	onder water	[ondər vatər]

parasol (de)	strandsambreel	[strand·sambreəl]
ligstoel (de)	strandstoel	[strand·stul]
zonnebril (de)	sonbril	[son·bril]
luchtmatras (de/het)	opblaasmatras	[opblãs·matras]

spelen (ww)	speel	[speəl]
gaan zwemmen (ww)	gaan swem	[χãn swem]

bal (de)	strandbal	[strand·bal]
opblazen (oppompen)	opblaas	[opblãs]
lucht-, opblaasbare (bn)	opblaas-	[opblãs-]

golf (hoge ~)	golf	[χolf]
boei (de)	boei	[bui]
verdrinken (ww)	verdrink	[fɛrdrink]

redden (ww)	red	[ret]
reddingsvest (de)	reddingsbaadjie	[rɛddiŋs·bãdʒi]
waarnemen (ww)	dophou	[dophæʊ]
redder (de)	lewensredder	[levɛŋs·rɛddər]

TECHNISCHE APPARATUUR. VERVOER

Technische apparatuur

139. Computer

computer (de)	rekenaar	[rekənār]
laptop (de)	skootrekenaar	[skoət·rekənār]
aanzetten (ww)	aanskakel	[āŋskakəl]
uitzetten (ww)	afskakel	[afskakəl]
toetsenbord (het)	toetsbord	[tuts·bort]
toets (enter~)	toets	[tuts]
muis (de)	muis	[mœis]
muismat (de)	muismatjie	[mœis·maki]
knopje (het)	knop	[knop]
cursor (de)	loper	[lopər]
monitor (de)	monitor	[monitor]
scherm (het)	skerm	[skerm]
harde schijf (de)	harde skyf	[hardə skajf]
volume (het)	harde skyf se vermoë	[hardə skajf sə fermoɛ]
van de harde schijf		
geheugen (het)	geheue	[χəhøə]
RAM-geheugen (het)	RAM-geheue	[ram-χehøəə]
bestand (het)	lêer	[lɛər]
folder (de)	gids	[χids]
openen (ww)	oopmaak	[oəpmāk]
sluiten (ww)	sluit	[slœit]
opslaan (ww)	bewaar	[bevār]
verwijderen (wissen)	uitvee	[œitfeə]
kopiëren (ww)	kopieer	[kopir]
sorteren (ww)	sorteer	[sorteər]
overplaatsen (ww)	oorplaas	[oərplās]
programma (het)	program	[proχram]
software (de)	sagteware	[saχtevarə]
programmeur (de)	programmeur	[proχrammøər]
programmeren (ww)	programmeer	[proχrammeər]
hacker (computerkraker)	kuberkraker	[kubər·krakər]
wachtwoord (het)	wagwoord	[vaχ·woərt]
virus (het)	virus	[firus]
ontdekken (virus ~)	opspoor	[opspoər]

| byte (de) | greep | [χreəp] |
| megabyte (de) | megagreep | [meχaχreəp] |

| data (de) | data | [data] |
| databank (de) | databasis | [data·basis] |

kabel (USB-~, enz.)	kabel	[kabəl]
afsluiten (ww)	ontkoppel	[ontkoppəl]
aansluiten op (ww)	konnekteer	[konnekteər]

140. Internet. E-mail

internet (het)	internet	[internet]
browser (de)	webblaaier	[veb·blājer]
zoekmachine (de)	soekenjin	[suk·ɛnʤin]
internetprovider (de)	verskaffer	[ferskaffər]

webmaster (de)	webmeester	[veb·meəstər]
website (de)	webwerf	[veb·werf]
webpagina (de)	webblad	[veb·blat]

| adres (het) | adres | [adres] |
| adresboek (het) | adresboek | [adres·buk] |

postvak (het)	posbus	[pos·bus]
post (de)	pos	[pos]
vol (~ postvak)	vol	[fol]

bericht (het)	boodskap	[boədskap]
binnenkomende berichten (mv.)	inkomende boodskappe	[inkomendə boədskappə]
uitgaande berichten (mv.)	uitgaande boodskappe	[œitχāndə boədskappə]

verzender (de)	sender	[sendər]
verzenden (ww)	verstuur	[ferstɪr]
verzending (de)	versending	[fersendiŋ]

| ontvanger (de) | ontvanger | [ontfaŋər] |
| ontvangen (ww) | ontvang | [ontfaŋ] |

| correspondentie (de) | korrespondensie | [korrespondɛŋsi] |
| corresponderen (met ...) | korrespondeer | [korrespondeər] |

bestand (het)	lêer	[lɛər]
downloaden (ww)	aflaai	[aflāi]
creëren (ww)	skep	[skep]
verwijderen (een bestand ~)	uitvee	[œitfeə]
verwijderd (bn)	uitgevee	[œitχefeə]

verbinding (de)	konneksie	[konneksi]
snelheid (de)	spoed	[sput]
modem (de)	modem	[modem]
toegang (de)	toegang	[tuχaŋ]
poort (de)	portaal	[portāl]

aansluiting (de)	**aansluiting**	[ãŋslœitiŋ]
zich aansluiten (ww)	**aansluit by ...**	[ãŋslœit baj ...]
selecteren (ww)	**kies**	[kis]
zoeken (ww)	**soek**	[suk]

Vervoer

141. Vliegtuig

vliegtuig (het)	vliegtuig	[fliχtœiχ]
vliegticket (het)	lugkaartjie	[luχ·kārki]
luchtvaartmaatschappij (de)	lugredery	[luχrederaj]
luchthaven (de)	lughawe	[luχhavə]
supersonisch (bn)	supersonies	[supersonis]
gezagvoerder (de)	kaptein	[kaptæjn]
bemanning (de)	bemanning	[bemanniŋ]
piloot (de)	piloot	[piloət]
stewardess (de)	lugwaardin	[luχ·wārdin]
stuurman (de)	navigator	[nafiχator]
vleugels (mv.)	vlerke	[flerkə]
staart (de)	stert	[stert]
cabine (de)	stuurkajuit	[stɪr·kajœit]
motor (de)	enjin	[εndʒin]
landingsgestel (het)	landingstel	[landiŋ·stəl]
turbine (de)	turbine	[turbinə]
propeller (de)	skroef	[skruf]
zwarte doos (de)	swart boks	[swart boks]
stuur (het)	stuurstang	[stɪr·staŋ]
brandstof (de)	brandstof	[brantstof]
veiligheidskaart (de)	veiligheidskaart	[fæjliχæjts·kārt]
zuurstofmasker (het)	suurstofmasker	[sɪrstof·maskər]
uniform (het)	uniform	[uniform]
reddingsvest (de)	reddingsbaadjie	[rεddiŋs·bādʒi]
parachute (de)	valskerm	[fal·skerm]
opstijgen (het)	opstyging	[opstajχiŋ]
opstijgen (ww)	opstyg	[opstajχ]
startbaan (de)	landingsbaan	[landiŋs·bān]
zicht (het)	uitsig	[œitsəχ]
vlucht (de)	vlug	[fluχ]
hoogte (de)	hoogte	[hoəχtə]
luchtzak (de)	lugsak	[luχsak]
plaats (de)	sitplek	[sitplek]
koptelefoon (de)	koptelefoon	[kop·telefoən]
tafeltje (het)	voutafeltjie	[fæυ·tafεlki]
venster (het)	vliegtuigvenster	[fliχtœiχ·fεŋstər]
gangpad (het)	paadjie	[pādʒi]

129

142. Trein

trein (de)	trein	[træjn]
elektrische trein (de)	voorstedelike trein	[foərstedelikə træjn]
sneltrein (de)	sneltrein	[snɛl·træjn]
diesellocomotief (de)	diesellokomotief	[disəl·lokomotif]
stoomlocomotief (de)	stoomlokomotief	[stoəm·lokomotif]

| rijtuig (het) | passasierswa | [passasirs·wa] |
| restauratierijtuig (het) | eetwa | [eət·wa] |

rails (mv.)	spoorstawe	[spoər·stavə]
spoorweg (de)	spoorweg	[spoər·weχ]
dwarsligger (de)	dwarslëer	[dwarslɛər]

perron (het)	perron	[perron]
spoor (het)	spoor	[spoər]
semafoor (de)	semafoor	[semafoər]
halte (bijv. kleine treinhalte)	stasie	[stasi]

machinist (de)	treindrywer	[træjn·drajvər]
kruier (de)	portier	[portir]
conducteur (de)	kondukteur	[konduktøər]
passagier (de)	passasier	[passasir]
controleur (de)	kondukteur	[konduktøər]

gang (in een trein)	gang	[χaŋ]
noodrem (de)	noodrem	[noədrem]
coupé (de)	kompartiment	[kompartiment]
bed (slaapplaats)	bed	[bet]
bovenste bed (het)	boonste bed	[boəŋstə bet]
onderste bed (het)	onderste bed	[ondərstə bet]
beddengoed (het)	beddegoed	[beddə·χut]

kaartje (het)	kaartjie	[kãrki]
dienstregeling (de)	diensrooster	[diŋs·roəstər]
informatiebord (het)	informasiebord	[informasi·bort]

vertrekken (De trein vertrekt ...)	vertrek	[fertrek]
vertrek (ov. een trein)	vertrek	[fertrek]
aankomen (ov. de treinen)	aankom	[ãnkom]
aankomst (de)	aankoms	[ãnkoms]

aankomen per trein	aankom per trein	[ãnkom pər træjn]
in de trein stappen	in die trein klim	[in di træjn klim]
uit de trein stappen	uit die trein klim	[œit di træjn klim]

| treinwrak (het) | treinbotsing | [træjn·botsiŋ] |
| ontspoord zijn | ontspoor | [ontspoər] |

stoomlocomotief (de)	stoomlokomotief	[stoəm·lokomotif]
stoker (de)	stoker	[stokər]
stookplaats (de)	stookplek	[stoəkplek]
steenkool (de)	steenkool	[steən·koəl]

143. Schip

schip (het)	skip	[skip]
vaartuig (het)	vaartuig	[fãrtœiχ]
stoomboot (de)	stoomboot	[stoəm·boət]
motorschip (het)	rivierboot	[rifir·boət]
lijnschip (het)	toerskip	[tur·skip]
kruiser (de)	kruiser	[krœisər]
jacht (het)	jag	[jaχ]
sleepboot (de)	sleepboot	[sleəp·boət]
duwbak (de)	vragskuit	[fraχ·skœit]
ferryboot (de)	veerboot	[feər·boət]
zeilboot (de)	seilskip	[sæjl·skip]
brigantijn (de)	skoenerbrik	[skunər·brik]
ijsbreker (de)	ysbreker	[ajs·brekər]
duikboot (de)	duikboot	[dœik·boət]
boot (de)	roeiboot	[ruiboət]
sloep (de)	bootjie	[boəki]
reddingssloep (de)	reddingsboot	[rɛddiŋs·boət]
motorboot (de)	motorboot	[motor·boət]
kapitein (de)	kaptein	[kaptæjn]
zeeman (de)	seeman	[seəman]
matroos (de)	matroos	[matroəs]
bemanning (de)	bemanning	[bemanniŋ]
bootsman (de)	bootsman	[boətsman]
scheepsjongen (de)	skeepsjonge	[skeəps·joŋə]
kok (de)	kok	[kok]
scheepsarts (de)	skeepsdokter	[skeəps·doktər]
dek (het)	dek	[dek]
mast (de)	mas	[mas]
zeil (het)	seil	[sæjl]
ruim (het)	skeepsruim	[skeəps·rœim]
voorsteven (de)	boeg	[buχ]
achtersteven (de)	agterstewe	[aχtərstevə]
roeispaan (de)	roeispaan	[ruis·pān]
schroef (de)	skroef	[skruf]
kajuit (de)	kajuit	[kajœit]
officierskamer (de)	offisierskajuit	[offisirs·kajœit]
machinekamer (de)	enjinkamer	[ɛndʒin·kamər]
brug (de)	brug	[bruχ]
radiokamer (de)	radiokamer	[radio·kamər]
radiogolf (de)	golf	[χolf]
logboek (het)	logboek	[loχbuk]
verrekijker (de)	verkyker	[ferkajkər]
klok (de)	bel	[bəl]

vlag (de)	vlag	[flaχ]
kabel (de)	kabel	[kabəl]
knoop (de)	knoop	[knoəp]

| leuning (de) | dekleuning | [dek·løənin] |
| trap (de) | gangplank | [χaŋ·plank] |

anker (het)	anker	[ankər]
het anker lichten	anker lig	[ankər ləχ]
het anker neerlaten	anker uitgooi	[ankər œitχoj]
ankerketting (de)	ankerketting	[ankər·kɛttiŋ]

haven (bijv. containerhaven)	hawe	[havə]
kaai (de)	kaai	[kāi]
aanleggen (ww)	vasmeer	[fasmeər]
wegvaren (ww)	vertrek	[fertrek]

reis (de)	reis	[ræjs]
cruise (de)	cruise	[kru:s]
koers (de)	koers	[kurs]
route (de)	roete	[rutə]

vaarwater (het)	vaarwater	[fār·vatər]
zandbank (de)	sandbank	[sand·bank]
stranden (ww)	strand	[strant]

storm (de)	storm	[storm]
signaal (het)	sienjaal	[sinjāl]
zinken (ov. een boot)	sink	[sink]
Man overboord!	Man oorboord!	[man oərboərd!]
SOS (noodsignaal)	SOS	[sos]
reddingsboei (de)	reddingsboei	[rɛddiŋs·bui]

144. Vliegveld

luchthaven (de)	lughawe	[luχhavə]
vliegtuig (het)	vliegtuig	[fliχtœiχ]
luchtvaartmaatschappij (de)	lugredery	[luχrederaj]
luchtverkeersleider (de)	lugverkeersleier	[luχ·ferkeərs·læjer]

vertrek (het)	vertrek	[fertrek]
aankomst (de)	aankoms	[ānkoms]
aankomen (per vliegtuig)	aankom	[ānkom]

| vertrektijd (de) | vertrektyd | [fertrək·tajt] |
| aankomstuur (het) | aankomstyd | [ānkoms·tajt] |

| vertraagd zijn (ww) | vertraag wees | [fertrāχ veəs] |
| vluchtvertraging (de) | vlugvertraging | [fluχ·fertraχiŋ] |

informatiebord (het)	informasiebord	[informasi·bort]
informatie (de)	informasie	[informasi]
aankondigen (ww)	aankondig	[ānkondəχ]
vlucht (bijv. KLM ~)	vlug	[fluχ]

| douane (de) | doeane | [duanə] |
| douanier (de) | doeanebeampte | [duanə·beamptə] |

douaneaangifte (de)	doeaneverklaring	[duanə·ferklariŋ]
invullen (douaneaangifte ~)	invul	[inful]
paspoortcontrole (de)	paspoortkontrole	[paspoərt·kontrolə]

bagage (de)	bagasie	[baχasi]
handbagage (de)	handbagasie	[hand·baχasi]
bagagekarretje (het)	bagasiekarretjie	[baχasi·karrəki]

landing (de)	landing	[landiŋ]
landingsbaan (de)	landingsbaan	[landiŋs·bān]
landen (ww)	land	[lant]
vliegtuigtrap (de)	vliegtuigtrap	[fliχtœiχ·trap]

inchecken (het)	na die vertrektoonbank	[na di fertrək·toənbank]
incheckbalie (de)	vertrektoonbank	[fertrək·toənbank]
inchecken (ww)	na die vertrektoonbank gaan	[na di fertrək·toənbank χān]
instapkaart (de)	instapkaart	[instap·kārt]
gate (de)	vertrekuitgang	[fertrek·œitχaŋ]

transit (de)	transito	[traŋsito]
wachten (ww)	wag	[vaχ]
wachtzaal (de)	vertreksaal	[fertrək·sāl]
begeleiden (uitwuiven)	afsien	[afsin]
afscheid nemen (ww)	afskeid neem	[afskæjt neəm]

145. Fiets. Motorfiets

fiets (de)	fiets	[fits]
bromfiets (de)	bromponie	[bromponi]
motorfiets (de)	motorfiets	[motorfits]

met de fiets rijden	per fiets ry	[pər fits raj]
stuur (het)	stuurstang	[stɪr·staŋ]
pedaal (de/het)	pedaal	[pedāl]
remmen (mv.)	remme	[remmə]
fietszadel (de/het)	fietssaal	[fits·sāl]

pomp (de)	pomp	[pomp]
bagagedrager (de)	bagasierak	[baχasi·rak]
fietslicht (het)	fietslamp	[fits·lamp]
helm (de)	helmet	[hɛlmet]

wiel (het)	wiel	[vil]
spatbord (het)	modderskerm	[moddər·skerm]
velg (de)	velling	[fɛlliŋ]
spaak (de)	speek	[speək]

Auto's

146. Soorten auto's

auto (de)	motor	[motor]
sportauto (de)	sportmotor	[sport·motor]
limousine (de)	limousine	[limæʊsinə]
terreinwagen (de)	veldvoertuig	[fɛlt·furtœix]
cabriolet (de)	met afslaandak	[met afsländak]
minibus (de)	bussie	[bussi]
ambulance (de)	ambulans	[ambulaŋs]
sneeuwruimer (de)	sneeuploeg	[sniʊ·pluχ]
vrachtwagen (de)	vragmotor	[fraχ·motor]
tankwagen (de)	tenkwa	[tɛnk·wa]
bestelwagen (de)	bestelwa	[bestəl·wa]
trekker (de)	padtrekker	[pad·trɛkkər]
aanhangwagen (de)	aanhangwa	[ānhaŋ·wa]
comfortabel (bn)	gemaklik	[χemaklik]
tweedehands (bn)	gebruik	[χebrœik]

147. Auto's. Carrosserie

motorkap (de)	enjinkap	[ɛndʒin·kap]
spatbord (het)	modderskerm	[moddər·skerm]
dak (het)	dak	[dak]
voorruit (de)	voorruit	[foər·rœit]
achterruit (de)	truspieël	[tru·spiɛl]
ruitensproeier (de)	voorruitsproer	[foər·rœitsprur]
wisserbladen (mv.)	ruitveërs	[rœit·feɛrs]
zijruit (de)	syvenster	[saj·fɛŋstər]
raamlift (de)	vensterhyser	[fɛŋstər·hajsər]
antenne (de)	lugdraad	[luχdrāt]
zonnedak (het)	sondak	[sondak]
bumper (de)	buffer	[buffər]
koffer (de)	bagasiebak	[baχasi·bak]
imperiaal (de/het)	dakreling	[dak·reliŋ]
portier (het)	deur	[døər]
handvat (het)	handvatsel	[hand·fatsəl]
slot (het)	deurslot	[døər·slot]
nummerplaat (de)	nommerplaat	[nommər·plāt]
knalpot (de)	knaldemper	[knal·dempər]

benzinetank (de)	petroltenk	[petrol·tɛnk]
uitlaatpijp (de)	uitlaatpyp	[œitlãt·pajp]
gas (het)	gaspedaal	[ҳas·pedãl]
pedaal (de/het)	pedaal	[pedãl]
gaspedaal (de/het)	gaspedaal	[ҳas·pedãl]
rem (de)	rem	[rem]
rempedaal (de/het)	rempedaal	[rem·pedãl]
remmen (ww)	remtrap	[remtrap]
handrem (de)	parkeerrem	[parkeər·rem]
koppeling (de)	koppelaar	[koppelãr]
koppelingspedaal (de/het)	koppelaarpedaal	[koppelãr·pedãl]
koppelingsschijf (de)	koppelaarskyf	[koppelãr·skajf]
schokdemper (de)	skokbreker	[skok·brekər]
wiel (het)	wiel	[vil]
reservewiel (het)	spaarwiel	[spãr·wil]
band (de)	band	[bant]
wieldop (de)	wieldop	[wil·dop]
aandrijfwielen (mv.)	dryfwiele	[drajf·wilə]
met voorwielaandrijving	voorwielaandrywing	[foərwil·ãndrajviŋ]
met achterwielaandrijving	agterwielaandrywing	[aҳtərwil·ãndrajviŋ]
met vierwielaandrijving	vierwielaandrywing	[firwil·ãndrajviŋ]
versnellingsbak (de)	ratkas	[ratkas]
automatisch (bn)	outomaties	[æutomatis]
mechanisch (bn)	meganies	[meҳanis]
versnellingspook (de)	ratwisselaar	[ratwisselãr]
voorlicht (het)	koplig	[kopləҳ]
voorlichten (mv.)	kopligte	[kopliҳtə]
dimlicht (het)	dempstraal	[demp·strãl]
grootlicht (het)	hoofstraal	[hoəf·strãl]
stoplicht (het)	remlig	[remləҳ]
standlichten (mv.)	parkeerlig	[parkeər·ləҳ]
noodverlichting (de)	gevaarligte	[ҳefãr·liҳtə]
mistlichten (mv.)	mislampe	[mis·lampə]
pinker (de)	draaiwyser	[drãj·vajsər]
achteruitrijdlicht (het)	trulig	[truləҳ]

148. Auto's. Passagiersruimte

interieur (het)	interieur	[interiøər]
leren (van leer gemaak)	leer-	[leər-]
fluwelen (abn)	fluweel-	[fluveəl-]
bekleding (de)	bekleding	[beklediŋ]
toestel (het)	instrument	[instrument]
instrumentenbord (het)	voorpaneel	[foər·paneəl]

snelheidsmeter (de)	spoedmeter	[spud·metər]
pijltje (het)	wyster	[vajstər]

kilometerteller (de)	afstandmeter	[afstant·metər]
sensor (de)	sensor	[sɛŋsor]
niveau (het)	vlak	[flak]
controlelampje (het)	waarskulig	[vārskuləχ]

stuur (het)	stuurwiel	[stɪr·wil]
toeter (de)	toeter	[tutər]
knopje (het)	knop	[knop]
schakelaar (de)	skakelaar	[skakəlār]

stoel (bestuurders~)	sitplek	[sitplek]
rugleuning (de)	rugsteun	[ruχ·støən]
hoofdsteun (de)	kopstut	[kopstut]
veiligheidsgordel (de)	veiligheidsgordel	[fæjliχæjts·χordəl]
de gordel aandoen	die gordel vasmaak	[di χordəl fasmāk]
regeling (de)	verstelling	[ferstɛlliŋ]

airbag (de)	lugsak	[luχsak]
airconditioner (de)	lugversorger	[luχfersorχər]

radio (de)	radio	[radio]
CD-speler (de)	CD-speler	[se·de spelər]
aanzetten (bijv. radio ~)	aanskakel	[āŋskakəl]
antenne (de)	lugdraad	[luχdrāt]
handschoenenkastje (het)	paneelkassie	[paneəl·kassi]
asbak (de)	asbak	[asbak]

149. Auto's. Motor

motor (de)	motor, enjin	[motor], [ɛndʒin]
diesel- (abn)	diesel	[disəl]
benzine- (~motor)	petrol	[petrol]

motorinhoud (de)	enjininhoud	[ɛndʒin·inhæʊt]
vermogen (het)	krag	[kraχ]
paardenkracht (de)	perdekrag	[perdə·kraχ]
zuiger (de)	suier	[sœier]
cilinder (de)	silinder	[silindər]
klep (de)	klep	[klep]

injectie (de)	inspuiting	[inspœitiŋ]
generator (de)	generator	[χenerator]
carburator (de)	vergasser	[ferχassər]
motorolie (de)	motorolie	[motor·oli]

radiator (de)	verkoeler	[ferkulər]
koelvloeistof (de)	koelmiddel	[kul·middəl]
ventilator (de)	waaier	[vājer]

accu (de)	battery	[battəraj]
starter (de)	aansitter	[āŋsittər]

| contact (ontsteking) | ontsteking | [ontstekiŋ] |
| bougie (de) | vonkprop | [fonk·prop] |

pool (de)	pool	[poəl]
positieve pool (de)	positiewe pool	[positivə poəl]
negatieve pool (de)	negatiewe pool	[neχativə poəl]
zekering (de)	sekering	[sekəriŋ]

luchtfilter (de)	lugfilter	[luχ·filtər]
oliefilter (de)	oliefilter	[oli·filtər]
benzinefilter (de)	brandstoffilter	[brantstof·filtər]

150. Auto's. Botsing. Reparatie

auto-ongeval (het)	motorbotsing	[motor·botsiŋ]
verkeersongeluk (het)	verkeersongeluk	[ferkeərs·onχəluk]
aanrijden	bots	[bots]
(tegen een boom, enz.)		
verongelukken (ww)	verongeluk	[feronχəluk]
beschadiging (de)	skade	[skadə]
heelhuids (bn)	onbeskadig	[onbeskadəχ]

pech (de)	onklaar raak	[onklār rāk]
kapot gaan (zijn gebroken)	onklaar raak	[onklār rāk]
sleeptouw (het)	sleeptou	[sleəp·tæʊ]

lek (het)	papwiel	[pap·wil]
lekke krijgen (band)	pap wees	[pap veəs]
oppompen (ww)	oppomp	[oppomp]
druk (de)	druk	[druk]
checken (ww)	nagaan	[naχān]

reparatie (de)	herstel	[herstəl]
garage (de)	garage	[χaraʒə]
wisselstuk (het)	onderdeel	[ondərdeəl]
onderdeel (het)	onderdeel	[ondərdeəl]

bout (de)	bout	[bæʊt]
schroef (de)	skroef	[skruf]
moer (de)	moer	[mur]
sluitring (de)	waster	[vastər]
kogellager (de/het)	koeëllaer	[kuɛllaər]

pijp (de)	pyp	[pajp]
pakking (de)	pakstuk	[pakstuk]
kabel (de)	kabel	[kabəl]

dommekracht (de)	domkrag	[domkraχ]
moersleutel (de)	moersleutel	[mur·sløətəl]
hamer (de)	hamer	[hamər]
pomp (de)	pomp	[pomp]
schroevendraaier (de)	skroewedraaier	[skruvə·drājer]
brandblusser (de)	brandblusser	[brant·blussər]
gevarendriehoek (de)	gevaardriehoek	[χefār·drihuk]

afslaan (ophouden te werken)	stol	[stol]
uitvallen (het)	stol	[stol]
zijn gebroken	stukkend wees	[stukkent veəs]
oververhitten (ww)	oorverhit	[oərferhit]
verstopt raken (ww)	verstop raak	[ferstop rãk]
bevriezen (autodeur, enz.)	vries	[fris]
barsten (leidingen, enz.)	bars	[bars]
druk (de)	druk	[druk]
niveau (bijv. olieniveau)	vlak	[flak]
slap (de drijfriem is ~)	slap	[slap]
deuk (de)	duik	[dœik]
geklop (vreemde geluiden)	klopgeluid	[klop·χəlœit]
barst (de)	kraak	[krãk]
kras (de)	skraap	[skrãp]

151. Auto's. Weg

weg (de)	pad	[pat]
snelweg (de)	deurpad	[døərpat]
autoweg (de)	deurpad	[døərpat]
richting (de)	rigting	[riχtiŋ]
afstand (de)	afstand	[afstant]
brug (de)	brug	[bruχ]
parking (de)	parkeerterrein	[parkeər·terræjn]
plein (het)	plein	[plæjn]
verkeersknooppunt (het)	padknoop	[pad·knoəp]
tunnel (de)	tonnel	[tonnəl]
benzinestation (het)	petrolstasie	[petrol·stasi]
parking (de)	parkeerterrein	[parkeər·terræjn]
benzinepomp (de)	petrolpomp	[petrol·pomp]
garage (de)	garage	[χaraʒə]
tanken (ww)	volmaak	[folmãk]
brandstof (de)	brandstof	[brantstof]
jerrycan (de)	petrolblik	[petrol·blik]
asfalt (het)	teer	[teər]
markering (de)	padmerktekens	[pad·merktekɛŋs]
trottoirband (de)	randsteen	[rand·steən]
geleiderail (de)	skutreling	[skut·reliŋ]
greppel (de)	donga	[donχa]
vluchtstrook (de)	skouer	[skæuər]
lichtmast (de)	lamppaal	[lamp·pãl]
besturen (een auto ~)	bestuur	[bestɪr]
afslaan (naar rechts ~)	draai	[drãi]
U-bocht maken (ww)	U-draai maak	[u-drãi mãk]
achteruit (de)	tru-	[tru-]
toeteren (ww)	toeter	[tutər]

toeter (de)	**toeter**	[tutər]
vastzitten (in modder)	**vassteek**	[fassteek]
spinnen (wielen gaan ~)	**die wiele laat tol**	[di vilə lāt tol]
uitzetten (ww)	**afskakel**	[afskakəl]

snelheid (de)	**spoed**	[sput]
een snelheidsovertreding maken	**die spoedgrens oortree**	[di sputχrɛŋs oərtreə]
verkeerslicht (het)	**robot**	[robot]
rijbewijs (het)	**bestuurslisensie**	[bestɪrs·lisɛŋsi]

overgang (de)	**treinoorgang**	[træjn·oərχaŋ]
kruispunt (het)	**kruispunt**	[krœis·punt]
zebrapad (oversteekplaats)	**sebraoorgang**	[sebra·oərχaŋ]
bocht (de)	**draai**	[drāi]
voetgangerszone (de)	**voetgangerstraat**	[futχaŋər·strāt]

MENSEN. GEBEURTENISSEN IN HET LEVEN

Gebeurtenissen in het leven

152. Vakanties. Evenement

feest (het)	partytjie	[partajki]
nationale feestdag (de)	nasionale dag	[naʃionalə daχ]
feestdag (de)	openbare vakansiedag	[openbarə fakaŋsi·daχ]
herdenken (ww)	herdenk	[herdenk]
gebeurtenis (de)	gebeurtenis	[χebøørtenis]
evenement (het)	gebeurtenis	[χebøørtenis]
banket (het)	banket	[banket]
receptie (de)	onthaal	[onthāl]
feestmaal (het)	feesmaal	[fees·māl]
verjaardag (de)	verjaardag	[ferjār·daχ]
jubileum (het)	jubileum	[jubiløəm]
vieren (ww)	vier	[fir]
Nieuwjaar (het)	Nuwejaar	[nuvejār]
Gelukkig Nieuwjaar!	Voorspoedige Nuwejaar	[foərspudiχə nuvejār]
Sinterklaas (de)	Kersvader	[kers·fadər]
Kerstfeest (het)	Kersfees	[kersfeəs]
Vrolijk kerstfeest!	Geseënde Kersfees	[χeseɛndə kersfeɛs]
kerstboom (de)	Kersboom	[kers·boəm]
vuurwerk (het)	vuurwerk	[fɪrwerk]
bruiloft (de)	bruilof	[brœilof]
bruidegom (de)	bruidegom	[brœidəχom]
bruid (de)	bruid	[brœit]
uitnodigen (ww)	uitnooi	[œitnoj]
uitnodigingskaart (de)	uitnodiging	[œitnodəχiŋ]
gast (de)	gas	[χas]
op bezoek gaan	besoek	[besuk]
gasten verwelkomen	die gaste ontmoet	[di χastə ontmut]
geschenk, cadeau (het)	present	[present]
geven (iets cadeau ~)	gee	[χeə]
geschenken ontvangen	presente ontvang	[presentə ontfaŋ]
boeket (het)	boeket	[buket]
felicitaties (mv.)	gelukwense	[χelukwɛŋsə]
feliciteren (ww)	gelukwens	[χelukwɛŋs]
wenskaart (de)	geleentheidskaartjie	[χeleenthæjts·kārki]

toast (de)	heildronk	[hæjldronk]
aanbieden (een drankje ~)	aanbied	[ānbit]
champagne (de)	sjampanje	[ʃampanje]

plezier hebben (ww)	jouself geniet	[jæʊsɛlf χenit]
plezier (het)	pret	[pret]
vreugde (de)	vreugde	[frøəχdə]

| dans (de) | dans | [daŋs] |
| dansen (ww) | dans | [daŋs] |

| wals (de) | wals | [vals] |
| tango (de) | tango | [tanχo] |

153. Begrafenissen. Begrafenis

kerkhof (het)	begraafplaas	[beχrāf·plās]
graf (het)	graf	[χraf]
kruis (het)	kruis	[krœis]
grafsteen (de)	grafsteen	[χrafsteən]
omheining (de)	heining	[hæjniŋ]
kapel (de)	kapel	[kapəl]

dood (de)	dood	[doət]
sterven (ww)	doodgaan	[doədχān]
overledene (de)	oorledene	[oərledenə]
rouw (de)	rou	[ræʊ]

begraven (ww)	begrawe	[beχravə]
begrafenisonderneming (de)	begrafnisonderneming	[beχrafnis·ondərnemiŋ]
begrafenis (de)	begrafnis	[beχrafnis]

krans (de)	krans	[kraŋs]
doodskist (de)	doodskis	[doədskis]
lijkwagen (de)	lykswa	[lajks·wa]
lijkkleed (de)	lykkleed	[lajk·kleət]

begrafenisstoet (de)	begrafnisstoet	[beχrafnis·stut]
urn (de)	urn	[urn]
crematorium (het)	krematorium	[krematorium]

overlijdensbericht (het)	doodsberig	[doəds·berəχ]
huilen (wenen)	huil	[hœil]
snikken (huilen)	snik	[snik]

154. Oorlog. Soldaten

peloton (het)	peleton	[peleton]
compagnie (de)	kompanie	[kompani]
regiment (het)	regiment	[reχiment]
leger (armee)	leër	[leər]
divisie (de)	divisie	[difisi]

sectie (de)	afdeling	[afdeliŋ]
troep (de)	leërskare	[leɛrskarə]
soldaat (militair)	soldaat	[soldãt]
officier (de)	offisier	[offisir]
soldaat (rang)	soldaat	[soldãt]
sergeant (de)	sersant	[sersant]
luitenant (de)	luitenant	[lœitənant]
kapitein (de)	kaptein	[kaptæjn]
majoor (de)	majoor	[majoər]
kolonel (de)	kolonel	[kolonəl]
generaal (de)	generaal	[χenerãl]
matroos (de)	matroos	[matroəs]
kapitein (de)	kaptein	[kaptæjn]
bootsman (de)	bootsman	[boətsman]
artillerist (de)	artilleris	[artilleris]
valschermjager (de)	valskermsoldaat	[falskerm·soldãt]
piloot (de)	piloot	[piloət]
stuurman (de)	navigator	[nafiχator]
mecanicien (de)	werktuigkundige	[verktœiχ·kundiχə]
sappeur (de)	sappeur	[sappøər]
parachutist (de)	valskermspringer	[falskerm·spriŋər]
verkenner (de)	verkenner	[ferkɛnnər]
scherpschutter (de)	skerpskut	[skerp·skut]
patrouille (de)	patrollie	[patrolli]
patrouilleren (ww)	patrolleer	[patrolleər]
wacht (de)	wag	[vaχ]
krijger (de)	vegter	[feχtər]
patriot (de)	patriot	[patriot]
held (de)	held	[hɛlt]
heldin (de)	heldin	[hɛldin]
verrader (de)	verraaier	[ferrãjer]
verraden (ww)	verraai	[ferrãi]
deserteur (de)	droster	[drostər]
deserteren (ww)	dros	[dros]
huurling (de)	huursoldaat	[hɪr·soldãt]
rekruut (de)	rekruteer	[rekruteər]
vrijwilliger (de)	vrywilliger	[frajvilliχər]
gedode (de)	dooie	[doje]
gewonde (de)	gewonde	[χevondə]
krijgsgevangene (de)	krygsgevangene	[krajχs·χefaŋənə]

155. Oorlog. Militaire acties. Deel 1

oorlog (de)	oorlog	[oərloχ]
oorlog voeren (ww)	oorlog voer	[oərloχ fur]

burgeroorlog (de)	burgeroorlog	[burgər·oərlɔχ]
achterbaks (bw)	valslik	[falslik]
oorlogsverklaring (de)	oorlogsverklaring	[oərlɔχs·ferklariŋ]
verklaren (de oorlog ~)	oorlog verklaar	[oərlɔχ ferklãr]
agressie (de)	aggressie	[aχrɛssi]
aanvallen (binnenvallen)	aanval	[ãnfal]

binnenvallen (ww)	binneval	[binnəfal]
invaller (de)	binnevaller	[binnəfallər]
veroveraar (de)	veroweraar	[feroverãr]

verdediging (de)	verdediging	[ferdedəχiŋ]
verdedigen (je land ~)	verdedig	[ferdedəχ]
zich verdedigen (ww)	jouself verdedig	[jæʊsɛlf ferdedəχ]

vijand (de)	vyand	[fajant]
tegenstander (de)	teëstander	[teɛstandər]
vijandelijk (bn)	vyandig	[fajandəχ]

strategie (de)	strategie	[strateχi]
tactiek (de)	taktiek	[taktik]

order (de)	bevel	[befəl]
bevel (het)	bevel	[befəl]
bevelen (ww)	beveel	[befeəl]
opdracht (de)	opdrag	[opdraχ]
geheim (bn)	geheim	[χəhæjm]

slag (de)	slag	[slaχ]
veldslag (de)	veldslag	[fɛltslaχ]
strijd (de)	geveg	[χefeχ]

aanval (de)	aanval	[ãnfal]
bestorming (de)	bestorming	[bestormiŋ]
bestormen (ww)	bestorm	[bestorm]
bezetting (de)	beleg	[beleχ]

aanval (de)	aanval	[ãnfal]
in het offensief te gaan	tot die offensief oorgaan	[tot di offɛŋsif oərχãn]

terugtrekking (de)	terugtrekking	[teruχ·trɛkkiŋ]
zich terugtrekken (ww)	terugtrek	[teruχtrek]

omsingeling (de)	omsingeling	[omsinχəliŋ]
omsingelen (ww)	omsingel	[omsiŋəl]

bombardement (het)	bombardement	[bombardement]
bombarderen (ww)	bombardeer	[bombardeər]
ontploffing (de)	ontploffing	[ontploffiŋ]

schot (het)	skoot	[skoət]
schieten (het)	skiet	[skit]

mikken op (ww)	mik op	[mik op]
aanleggen (een wapen ~)	rig	[riχ]
treffen (doelwit ~)	tref	[tref]

zinken (tot zinken brengen)	**sink**	[sink]
kogelgat (het)	**gat**	[χat]
zinken (gezonken zijn)	**sink**	[sink]

front (het)	**front**	[front]
evacuatie (de)	**evakuasie**	[ɛfakuasi]
evacueren (ww)	**evakueer**	[ɛfakueər]

loopgraaf (de)	**loopgraaf**	[loəpχrãf]
prikkeldraad (de)	**doringdraad**	[doriŋ·drãt]
verdedigingsobstakel (het)	**versperring**	[fersperriŋ]
wachttoren (de)	**wagtoring**	[vaχ·toriŋ]

hospitaal (het)	**militêre hospitaal**	[militærə hospitãl]
verwonden (ww)	**wond**	[vont]
wond (de)	**wond**	[vont]
gewonde (de)	**gewonde**	[χevondə]
gewond raken (ww)	**gewond**	[χevont]
ernstig (~e wond)	**ernstig**	[ɛrnstəχ]

156. Wapens

wapens (mv.)	**wapens**	[vapɛns]
vuurwapens (mv.)	**vuurwapens**	[fɪr·vapɛns]
koude wapens (mv.)	**messe**	[mɛssə]

chemische wapens (mv.)	**chemiese wapens**	[χemisə vapɛns]
kern-, nucleair (bn)	**kern-**	[kern-]
kernwapens (mv.)	**kernwapens**	[kern·vapɛns]

| bom (de) | **bom** | [bom] |
| atoombom (de) | **atoombom** | [atoəm·bom] |

pistool (het)	**pistool**	[pistoəl]
geweer (het)	**geweer**	[χeveər]
machinepistool (het)	**aanvalsgeweer**	[ãnvals·χeveər]
machinegeweer (het)	**masjiengeweer**	[maʃin·χeveər]

loop (schietbuis)	**loop**	[loəp]
loop (bijv. geweer met kortere ~)	**loop**	[loəp]
kaliber (het)	**kaliber**	[kalibər]

trekker (de)	**sneller**	[snɛllər]
korrel (de)	**visier**	[fisir]
magazijn (het)	**magasyn**	[maχasajn]
geweerkolf (de)	**kolf**	[kolf]

| granaat (handgranaat) | **handgranaat** | [hand·χranãt] |
| explosieven (mv.) | **springstof** | [spriŋstof] |

kogel (de)	**koeël**	[kuɛl]
patroon (de)	**patroon**	[patroən]
lading (de)	**lading**	[ladiŋ]

ammunitie (de)	ammunisie	[ammunisi]
bommenwerper (de)	bomwerper	[bom·werpər]
straaljager (de)	straalvegter	[strāl·feχtər]
helikopter (de)	helikopter	[helikoptər]

afweergeschut (het)	lugafweer	[luχafweər]
tank (de)	tenk	[tɛnk]
kanon (tank met een ~ van 76 mm)	tenkkanon	[tɛnk·kanon]

artillerie (de)	artillerie	[artilleri]
kanon (het)	kanon	[kanon]
aanleggen (een wapen ~)	aanlê	[ānlɛ:]

projectiel (het)	projektiel	[projektil]
mortiergranaat (de)	mortierbom	[mortir·bom]
mortier (de)	mortier	[mortir]
granaatscherf (de)	skrapnel	[skrapnəl]

duikboot (de)	duikboot	[dœik·boət]
torpedo (de)	torpedo	[torpedo]
raket (de)	vuurpyl	[fɪr·pajl]

laden (geweer, kanon)	laai	[lāi]
schieten (ww)	skiet	[skit]
richten op (mikken)	rig op	[riχ op]
bajonet (de)	bajonet	[bajonet]

degen (de)	rapier	[rapir]
sabel (de)	sabel	[sabəl]
speer (de)	spies	[spis]
boog (de)	boog	[boəχ]
pijl (de)	pyl	[pajl]
musket (de)	musket	[musket]
kruisboog (de)	kruisboog	[krœis·boəχ]

157. Oude mensen

primitief (bn)	primitief	[primitif]
voorhistorisch (bn)	prehistories	[prehistoris]
eeuwenoude (~ beschaving)	antiek	[antik]

Steentijd (de)	Steentydperk	[steən·tajtperk]
Bronstijd (de)	Bronstydperk	[brɔŋs·tajtperk]
IJstijd (de)	Ystydperk	[ajs·tajtperk]

stam (de)	stam	[stam]
menseneter (de)	mensvreter	[mɛŋs·fretər]
jager (de)	jagter	[jaχtər]
jagen (ww)	jag	[jaχ]
mammoet (de)	mammoet	[mammut]

| grot (de) | grot | [χrot] |
| vuur (het) | vuur | [fɪr] |

| kampvuur (het) | kampvuur | [kampfɪr] |
| rotstekening (de) | rotstekening | [rots·tekənin] |

werkinstrument (het)	werktuig	[verktœiχ]
speer (de)	spies	[spis]
stenen bijl (de)	klipbyl	[klip·bajl]
oorlog voeren (ww)	oorlog voer	[oerloχ fur]
temmen (bijv. wolf ~)	tem	[tem]

idool (het)	afgod	[afχot]
aanbidden (ww)	aanbid	[ānbit]
bijgeloof (het)	bygeloof	[bajχəloəf]
ritueel (het)	ritueel	[ritueəl]

evolutie (de)	evolusie	[ɛfolusi]
ontwikkeling (de)	ontwikkeling	[ontwikkelin]
verdwijning (de)	verdwyning	[ferdwajnin]
zich aanpassen (ww)	jou aanpas	[jæʊ ānpas]

archeologie (de)	argeologie	[arχeoloχi]
archeoloog (de)	argeoloog	[arχeoloəχ]
archeologisch (bn)	argeologies	[arχeoloχis]

opgravingsplaats (de)	opgrawingsplek	[opχraviŋs·plek]
opgravingen (mv.)	opgrawingsplekke	[opχraviŋs·plɛkkə]
vondst (de)	vonds	[fonds]
fragment (het)	fragment	[fraχment]

158. Middeleeuwen

volk (het)	volk	[folk]
volkeren (mv.)	bevolking	[befolkin]
stam (de)	stam	[stam]
stammen (mv.)	stamme	[stammə]

barbaren (mv.)	barbare	[barbarə]
Galliërs (mv.)	Galliërs	[χalliɛrs]
Goten (mv.)	Gote	[χote]
Slaven (mv.)	Slawe	[slavə]
Vikings (mv.)	Vikings	[vikiŋs]

| Romeinen (mv.) | Romeine | [romæjnə] |
| Romeins (bn) | Romeins | [romæjns] |

Byzantijnen (mv.)	Bisantyne	[bisantajnə]
Byzantium (het)	Bisantium	[bisantium]
Byzantijns (bn)	Bisantyns	[bisantajns]

keizer (bijv. Romeinse ~)	keiser	[kæjsər]
opperhoofd (het)	leier	[læjer]
machtig (bn)	magtig	[maχtəχ]
koning (de)	koning	[konin]
heerser (de)	heerser	[heərsər]
ridder (de)	ridder	[riddər]

feodaal (de)	feodale heerser	[feodalə heərsər]
feodaal (bn)	feodaal	[feodāl]
vazal (de)	vasal	[fasal]
hertog (de)	hertog	[hertoχ]
graaf (de)	graaf	[χrāf]
baron (de)	baron	[baron]
bisschop (de)	biskop	[biskop]
harnas (het)	harnas	[harnas]
schild (het)	skild	[skilt]
zwaard (het)	swaard	[swārt]
vizier (het)	visier	[fisir]
maliënkolder (de)	maliehemp	[mali·hemp]
kruistocht (de)	Kruistog	[krœis·toχ]
kruisvaarder (de)	kruisvaarder	[krœis·fārdər]
gebied (bijv. bezette ~en)	gebied	[χebit]
aanvallen (binnenvallen)	aanval	[ānfal]
veroveren (ww)	verower	[ferovər]
innemen (binnenvallen)	beset	[beset]
bezetting (de)	beleg	[beleχ]
belegerd (bn)	beleërde	[beleɛrdə]
belegeren (ww)	beleër	[beleɛr]
inquisitie (de)	inkwisisie	[inkvisisi]
inquisiteur (de)	inkwisiteur	[inkvisitøər]
foltering (de)	marteling	[martəliŋ]
wreed (bn)	wreed	[vreət]
ketter (de)	ketter	[kɛttər]
ketterij (de)	kettery	[kɛtteraj]
zeevaart (de)	seevaart	[seə·fārt]
piraat (de)	piraat, seerower	[pirāt], [seə·rovər]
piraterij (de)	piratery, seerowery	[pirateraj], [seə·roveraj]
enteren (het)	enter	[ɛntər]
buit (de)	buit	[bœit]
schatten (mv.)	skatte	[skattə]
ontdekking (de)	ontdekking	[ontdɛkkiŋ]
ontdekken (bijv. nieuw land)	ontdek	[ontdek]
expeditie (de)	ekspedisie	[ɛkspedisi]
musketier (de)	musketier	[musketir]
kardinaal (de)	kardinaal	[kardināl]
heraldiek (de)	heraldiek	[heraldik]
heraldisch (bn)	heraldies	[heraldis]

159. Leider. Baas. Autoriteiten

koning (de)	koning	[koniŋ]
koningin (de)	koningin	[koniŋin]

| koninklijk (bn) | koninklik | [koninklik] |
| koninkrijk (het) | koninkryk | [koninkrajk] |

| prins (de) | prins | [prins] |
| prinses (de) | prinses | [prinsəs] |

president (de)	president	[president]
vicepresident (de)	vise-president	[fise-president]
senator (de)	senator	[senator]

monarch (de)	monarg	[monarχ]
heerser (de)	heerser	[heərsər]
dictator (de)	diktator	[diktator]
tiran (de)	tiran	[tiran]
magnaat (de)	magnaat	[maχnãt]

directeur (de)	direkteur	[direktøər]
chef (de)	baas	[bãs]
beheerder (de)	bestuurder	[bestɪrdər]
baas (de)	baas	[bãs]
eigenaar (de)	eienaar	[æjenãr]

leider (de)	leier	[læjer]
hoofd	hoof	[hoəf]
(bijv. ~ van de delegatie)		
autoriteiten (mv.)	outoriteite	[æʊtoritæjtə]
superieuren (mv.)	hoofde	[hoəfdə]

gouverneur (de)	goewerneur	[χuvernøər]
consul (de)	konsul	[koŋsul]
diplomaat (de)	diplomaat	[diplomãt]
burgemeester (de)	burgermeester	[burgər·meəstər]
sheriff (de)	sheriff	[sheriff]

keizer (bijv. Romeinse ~)	keiser	[kæjsər]
tsaar (de)	tsaar	[tsãr]
farao (de)	farao	[farao]
kan (de)	kan	[kan]

160. De wet overtreden. Criminelen. Deel 1

bandiet (de)	bandiet	[bandit]
misdaad (de)	misdaad	[misdãt]
misdadiger (de)	misdadiger	[misdɑdiχər]

dief (de)	dief	[dif]
stelen (ww)	steel	[steəl]
stelen (de)	steel	[steəl]
diefstal (de)	diefstal	[difstal]

kidnappen (ww)	ontvoer	[ontfur]
kidnapping (de)	ontvoering	[ontfuriŋ]
kidnapper (de)	ontvoerder	[ontfurder]
losgeld (het)	losgeld	[losχɛlt]

eisen losgeld (ww)	losgeld eis	[losχɛlt æjs]
overvallen (ww)	besteel	[besteǝl]
overval (de)	oorval	[oǝrfal]
overvaller (de)	boef	[buf]

afpersen (ww)	afpers	[afpers]
afperser (de)	afperser	[afpersǝr]
afpersing (de)	afpersing	[afpersiŋ]

vermoorden (ww)	vermoor	[fermoǝr]
moord (de)	moord	[moǝrt]
moordenaar (de)	moordenaar	[moǝrdenār]

schot (het)	skoot	[skoǝt]
neerschieten (ww)	doodskiet	[doǝdskit]
schieten (ww)	skiet	[skit]
schieten (het)	skietery	[skiteraj]

ongeluk (gevecht, enz.)	insident	[insident]
gevecht (het)	geveg	[χefeχ]
Help!	Help!	[hɛlp!]
slachtoffer (het)	slagoffer	[slaχoffǝr]

beschadigen (ww)	beskadig	[beskadǝχ]
schade (de)	skade	[skadǝ]
lijk (het)	lyk	[lajk]
zwaar (~ misdrijf)	ernstig	[ɛrnstǝχ]

aanvallen (ww)	aanval	[ānfal]
slaan (iemand ~)	slaan	[slān]
in elkaar slaan (toetakelen)	platslaan	[platslān]
ontnemen (beroven)	vat	[fat]
steken (met een mes)	doodsteek	[doǝdsteǝk]

| verminken (ww) | vermink | [fermink] |
| verwonden (ww) | wond | [vont] |

chantage (de)	afpersing	[afpersiŋ]
chanteren (ww)	afpers	[afpers]
chanteur (de)	afperser	[afpersǝr]

| afpersing (de) | beskermingswendelary | [beskermiŋ·swendelaraj] |
| afperser (de) | afperser | [afpersǝr] |

| gangster (de) | boef | [buf] |
| maffia (de) | mafia | [mafia] |

| kruimeldief (de) | sakkeroller | [sakkerollǝr] |
| inbreker (de) | inbreker | [inbrekǝr] |

| smokkelen (het) | smokkel | [smokkǝl] |
| smokkelaar (de) | smokkelaar | [smokkǝlār] |

namaak (de)	vervalsing	[ferfalsiŋ]
namaken (ww)	verval	[ferfal]
namaak-, vals (bn)	vals	[fals]

149

161. De wet overtreden. Criminelen. Deel 2

verkrachting (de)	verkragting	[ferkraχtiŋ]
verkrachten (ww)	verkrag	[ferkraχ]
verkrachter (de)	verkragter	[ferkraχtər]
maniak (de)	maniak	[maniak]

prostituee (de)	prostituut	[prostitɪt]
prostitutie (de)	prostitusie	[prostitusi]
pooier (de)	pooier	[pojer]

drugsverslaafde (de)	dwelmslaaf	[dwɛlm·slāf]
drugshandelaar (de)	dwelmhandelaar	[dwɛlm·handəlār]

opblazen (ww)	opblaas	[opblās]
explosie (de)	ontploffing	[ontploffiŋ]
in brand steken (ww)	aan die brand steek	[ān di brant steək]
brandstichter (de)	brandstigter	[brant·stiχtər]

terrorisme (het)	terrorisme	[terrorismə]
terrorist (de)	terroris	[terroris]
gijzelaar (de)	gyselaar	[χajsəlār]

bedriegen (ww)	bedrieg	[bedrəχ]
bedrog (het)	bedrog	[bedroχ]
oplichter (de)	bedrieër	[bedriɛr]

omkopen (ww)	omkoop	[omkoəp]
omkoperij (de)	omkopery	[omkoperaj]
smeergeld (het)	omkoopgeld	[omkoəp·χɛlt]

vergif (het)	gif	[χif]
vergiftigen (ww)	vergiftig	[ferχiftəχ]
vergif innemen (ww)	jouself vergiftig	[jæʊsɛlf ferχiftəχ]

zelfmoord (de)	selfmoord	[sɛlfmoərt]
zelfmoordenaar (de)	selfmoordenaar	[sɛlfmoərdenār]

bedreigen (bijv. met een pistool)	dreig	[dræjχ]
bedreiging (de)	dreigement	[dræjχement]
aanslag (de)	aanslag	[āŋslaχ]

stelen (een auto)	steel	[steəl]
kapen (een vliegtuig)	kaap	[kāp]

wraak (de)	wraak	[vrāk]
wreken (ww)	wreek	[vreək]

martelen (gevangenen)	martel	[martəl]
foltering (de)	marteling	[martəliŋ]
folteren (ww)	folter	[foltər]

piraat (de)	piraat, seerower	[pirāt], [seə·rovər]
straatschender (de)	skollie	[skolli]

gewapend (bn)	gewapen	[χevapen]
geweld (het)	geweld	[χevɛlt]
onwettig (strafbaar)	onwettig	[onwɛttəχ]

spionage (de)	spioenasie	[spiunasi]
spioneren (ww)	spioeneer	[spiuneər]

162. Politie. Wet. Deel 1

justitie (de)	justisie	[jəstisi]
gerechtshof (het)	geregshof	[χereχshof]

rechter (de)	regter	[reχtər]
jury (de)	jurielede	[jurilede]
juryrechtspraak (de)	jurieregspraak	[juri·reχsprãk]
berechten (ww)	bereg	[bereχ]

advocaat (de)	advokaat	[adfokãt]
beklaagde (de)	beklaagde	[beklãχdə]
beklaagdenbank (de)	beklaagdebank	[beklãχdə·bank]

beschuldiging (de)	aanklag	[ãnklaχ]
beschuldigde (de)	beskuldigde	[beskuldiχdə]

vonnis (het)	vonnis	[fonnis]
veroordelen	veroordeel	[feroərdeəl]
(in een rechtszaak)		

schuldige (de)	skuldig	[skuldəχ]
straffen (ww)	straf	[straf]
bestraffing (de)	straf	[straf]

boete (de)	boete	[butə]
levenslange opsluiting (de)	lewenslange gevangenisstraf	[levɛŋslaŋə χefaŋənis·straf]
doodstraf (de)	doodstraf	[doədstraf]
elektrische stoel (de)	elektriese stoel	[ɛlektrisə stul]
schavot (het)	galg	[χalχ]

executeren (ww)	eksekuteer	[ɛksekuteər]
executie (de)	eksekusie	[ɛksekusi]

gevangenis (de)	tronk	[tronk]
cel (de)	sel	[səl]

konvooi (het)	eskort	[ɛskort]
gevangenisbewaker (de)	tronkbewaarder	[tronk·bevãrdər]
gedetineerde (de)	gevangene	[χefaŋənə]

handboeien (mv.)	handboeie	[hant·buje]
handboeien omdoen	in die boeie slaan	[in di buje slãn]

ontsnapping (de)	ontsnapping	[ontsnappiŋ]
ontsnappen (ww)	ontsnap	[ontsnap]

verdwijnen (ww)	verdwyn	[ferdwajn]
vrijlaten (uit de gevangenis)	vrylaat	[frajlāt]
amnestie (de)	amnestie	[amnesti]

politie (de)	polisie	[polisi]
politieagent (de)	polisieman	[polisi·man]
politiebureau (het)	polisiestasie	[polisi·stasi]
knuppel (de)	knuppel	[knuppəl]
megafoon (de)	megafoon	[meχafoən]

patrouilleerwagen (de)	patrolliemotor	[patrolli·motor]
sirene (de)	sirene	[sirenə]
de sirene aansteken	die sirene aanskakel	[di sirenə āŋskakəl]
geloei (het) van de sirene	sirenegeloei	[sirenə·χelui]

plaats delict (de)	misdaadtoneel	[misdād·toneəl]
getuige (de)	getuie	[χetœiə]
vrijheid (de)	vryheid	[frajhæjt]
handlanger (de)	medepligtige	[medə·pliχtiχə]
ontvluchten (ww)	ontvlug	[ontfluχ]
spoor (het)	spoor	[spoər]

163. Politie. Wet. Deel 2

opsporing (de)	soektog	[suktoχ]
opsporen (ww)	soek …	[suk …]
verdenking (de)	verdenking	[ferdɛnkiŋ]
verdacht (bn)	verdag	[ferdaχ]
aanhouden (stoppen)	teëhou	[teɛhæʊ]
tegenhouden (ww)	aanhou	[ānhæʊ]

strafzaak (de)	hofsaak	[hofsāk]
onderzoek (het)	ondersoek	[ondərsuk]
detective (de)	speurder	[spøərdər]
onderzoeksrechter (de)	speurder	[spøərdər]
versie (de)	hipotese	[hipotesə]

motief (het)	motief	[motif]
verhoor (het)	ondervraging	[ondərfraχiŋ]
ondervragen (door de politie)	ondervra	[ondərfra]
ondervragen (omstanders ~)	verhoor	[ferhoər]
controle (de)	kontroleer	[kontroleər]

razzia (de)	klopjag	[klopjaχ]
huiszoeking (de)	huissoeking	[hœis·sukiŋ]
achtervolging (de)	agtervolging	[aχtərfolχiŋ]
achtervolgen (ww)	agtervolg	[aχtərfolχ]
opsporen (ww)	opspoor	[opspoər]

arrest (het)	inhegtenisneming	[inheχtenis·nemiŋ]
arresteren (ww)	arresteer	[arresteər]
vangen, aanhouden (een dief, enz.)	vang	[faŋ]
aanhouding (de)	opsporing	[opsporiŋ]

document (het)	**dokument**	[dokument]
bewijs (het)	**bewys**	[bevajs]
bewijzen (ww)	**bewys**	[bevajs]
voetspoor (het)	**voetspoor**	[futspoər]
vingerafdrukken (mv.)	**vingerafdrukke**	[fiŋər·afdrukkə]
bewijs (het)	**bewysstuk**	[bevajs·stuk]
alibi (het)	**alibi**	[alibi]
onschuldig (bn)	**onskuldig**	[ɔŋskuldəχ]
onrecht (het)	**onreg**	[onreχ]
onrechtvaardig (bn)	**onregverdig**	[onreχferdəχ]
crimineel (bn)	**krimineel**	[krimineəl]
confisqueren	**in beslag neem**	[in beslaχ neəm]
(in beslag nemen)		
drug (de)	**dwelm**	[dwɛlm]
wapen (het)	**wapen**	[vapen]
ontwapenen (ww)	**ontwapen**	[ontvapen]
bevelen (ww)	**beveel**	[befeəl]
verdwijnen (ww)	**verdwyn**	[ferdwajn]
wet (de)	**wet**	[vet]
wettelijk (bn)	**wettig**	[vɛttəχ]
onwettelijk (bn)	**onwettig**	[onwɛttəχ]
verantwoordelijkheid (de)	**verantwoordelikheid**	[ferant·voərdelikhæjt]
verantwoordelijk (bn)	**verantwoordelik**	[ferant·voərdelik]

NATUUR

De Aarde. Deel 1

164. De kosmische ruimte

kosmos (de)	**kosmos**	[kosmos]
kosmisch (bn)	**kosmies**	[kosmis]
kosmische ruimte (de)	**buitenste ruimte**	[bœitɛŋstə rajmtə]
wereld (de)	**wêreld**	[væːrɛlt]
heelal (het)	**heelal**	[heəlal]
sterrenstelsel (het)	**sterrestelsel**	[sterrə·stɛlsəl]
ster (de)	**ster**	[ster]
sterrenbeeld (het)	**sterrebeeld**	[sterrə·beəlt]
planeet (de)	**planeet**	[planeət]
satelliet (de)	**satelliet**	[satɛllit]
meteoriet (de)	**meteoriet**	[meteorit]
komeet (de)	**komeet**	[komeət]
asteroïde (de)	**asteroïed**	[asteroïət]
baan (de)	**baan**	[bãn]
draaien (om de zon, enz.)	**draai**	[drãi]
atmosfeer (de)	**atmosfeer**	[atmosfeər]
Zon (de)	**die Son**	[di son]
zonnestelsel (het)	**sonnestelsel**	[sonnə·stɛlsəl]
zonsverduistering (de)	**sonsverduistering**	[soŋs·ferdœisteriŋ]
Aarde (de)	**die Aarde**	[di ãrdə]
Maan (de)	**die Maan**	[di mãn]
Mars (de)	**Mars**	[mars]
Venus (de)	**Venus**	[fenus]
Jupiter (de)	**Jupiter**	[jupitər]
Saturnus (de)	**Saturnus**	[saturnus]
Mercurius (de)	**Mercurius**	[merkurius]
Uranus (de)	**Uranus**	[uranus]
Neptunus (de)	**Neptunus**	[neptunus]
Pluto (de)	**Pluto**	[pluto]
Melkweg (de)	**Melkweg**	[melk·weχ]
Grote Beer (de)	**Groot Beer**	[χroət beər]
Poolster (de)	**Poolster**	[poəl·stər]
marsmannetje (het)	**marsbewoner**	[mars·bevonər]
buitenaards wezen (het)	**buiteaardse wese**	[bœitə·ãrdsə vesə]

bovenaards (het)	ruimtewese	[rœimtə·vesə]
vliegende schotel (de)	vlieënde skottel	[fliɛndə skottəl]

ruimtevaartuig (het)	ruimteskip	[rœimtə·skip]
ruimtestation (het)	ruimtestasie	[rœimtə·stasi]
start (de)	vertrek	[fertrek]

motor (de)	enjin	[ɛndʒin]
straalpijp (de)	uitlaatpyp	[œitlãt·pajp]
brandstof (de)	brandstof	[brantstof]

cabine (de)	stuurkajuit	[stɪr·kajœit]
antenne (de)	lugdraad	[luχdrãt]
patrijspoort (de)	patryspoort	[patrajs·poərt]
zonnebatterij (de)	sonpaneel	[son·paneəl]
ruimtepak (het)	ruimtepak	[rœimtə·pak]

gewichtloosheid (de)	gewigloosheid	[χeviχloəshæjt]
zuurstof (de)	suurstof	[sɪrstof]

koppeling (de)	koppeling	[koppeliŋ]
koppeling maken	koppel	[koppəl]

observatorium (het)	observatorium	[observatorium]
telescoop (de)	teleskoop	[teleskoəp]
waarnemen (ww)	waarneem	[vãrneəm]
exploreren (ww)	eksploreer	[ɛksploreər]

165. De Aarde

Aarde (de)	die Aarde	[di ãrdə]
aardbol (de)	die aardbol	[di ãrdbol]
planeet (de)	planeet	[planeət]

atmosfeer (de)	atmosfeer	[atmosfeər]
aardrijkskunde (de)	geografie	[χeoχrafi]
natuur (de)	natuur	[natɪr]

wereldbol (de)	aardbol	[ãrd·bol]
kaart (de)	kaart	[kãrt]
atlas (de)	atlas	[atlas]

Europa (het)	Europa	[øəropa]
Azië (het)	Asië	[asiɛ]

Afrika (het)	Afrika	[afrika]
Australië (het)	Australië	[ɔustraliɛ]

Amerika (het)	Amerika	[amerika]
Noord-Amerika (het)	Noord-Amerika	[noərd-amerika]
Zuid-Amerika (het)	Suid-Amerika	[sœid-amerika]

Antarctica (het)	Suidpool	[sœid·poəl]
Arctis (de)	Noordpool	[noərd·poəl]

166. Windrichtingen

noorden (het)	noorde	[noərdə]
naar het noorden	na die noorde	[na di noərdə]
in het noorden	in die noorde	[in di noərdə]
noordelijk (bn)	noordelik	[noərdəlik]
zuiden (het)	suide	[sœidə]
naar het zuiden	na die suide	[na di sœidə]
in het zuiden	in die suide	[in di sœidə]
zuidelijk (bn)	suidelik	[sœidəlik]
westen (het)	weste	[vestə]
naar het westen	na die weste	[na di vestə]
in het westen	in die weste	[in di vestə]
westelijk (bn)	westelik	[vestelik]
oosten (het)	ooste	[oəstə]
naar het oosten	na die ooste	[na di oəstə]
in het oosten	in die ooste	[in di oəstə]
oostelijk (bn)	oostelik	[oəstəlik]

167. Zee. Oceaan

zee (de)	see	[seə]
oceaan (de)	oseaan	[oseãn]
golf (baai)	golf	[χolf]
straat (de)	straat	[strãt]
grond (vaste grond)	land	[lant]
continent (het)	kontinent	[kontinent]
eiland (het)	eiland	[æjlant]
schiereiland (het)	skiereiland	[skir·æjlant]
archipel (de)	argipel	[arχipəl]
baai, bocht (de)	baai	[bãi]
haven (de)	hawe	[havə]
lagune (de)	strandmeer	[strand·meər]
kaap (de)	kaap	[kãp]
atol (de)	atol	[atol]
rif (het)	rif	[rif]
koraal (het)	koraal	[korãl]
koraalrif (het)	koraalrif	[korãl·rif]
diep (bn)	diep	[dip]
diepte (de)	diepte	[diptə]
diepzee (de)	afgrond	[afχront]
trog (bijv. Marianentrog)	trog	[troχ]
stroming (de)	stroming	[stromiŋ]
omspoelen (ww)	omring	[omriŋ]

oever (de)	oewer	[uvər]
kust (de)	kus	[kus]

vloed (de)	hoogwater	[hoəχ·vatər]
eb (de)	laagwater	[lāχ·vatər]
ondiepte (ondiep water)	sandbank	[sand·bank]
bodem (de)	bodem	[bodem]

golf (hoge ~)	golf	[χolf]
golfkam (de)	kruin	[krœin]
schuim (het)	skuim	[skœim]

storm (de)	storm	[storm]
orkaan (de)	orkaan	[orkān]
tsunami (de)	tsunami	[tsunami]
windstilte (de)	windstilte	[vindstiltə]
kalm (bijv. ~e zee)	kalm	[kalm]

pool (de)	pool	[poəl]
polair (bn)	polêr	[polær]

breedtegraad (de)	breedtegraad	[breədtə·χrāt]
lengtegraad (de)	lengtegraad	[leŋtə·χrāt]
parallel (de)	parallel	[paralləl]
evenaar (de)	ewenaar	[ɛvenār]

hemel (de)	hemel	[heməl]
horizon (de)	horison	[horison]
lucht (de)	lug	[luχ]

vuurtoren (de)	vuurtoring	[fɪrtoriŋ]
duiken (ww)	duik	[dœik]
zinken (ov. een boot)	sink	[sink]
schatten (mv.)	skatte	[skattə]

168. Bergen

berg (de)	berg	[berχ]
bergketen (de)	bergreeks	[berχ·reəks]
gebergte (het)	bergrug	[berχ·ruχ]

bergtop (de)	top	[top]
bergpiek (de)	piek	[pik]
voet (ov. de berg)	voet	[fut]
helling (de)	helling	[hɛlliŋ]

vulkaan (de)	vulkaan	[fulkān]
actieve vulkaan (de)	aktiewe vulkaan	[aktivə fulkān]
uitgedoofde vulkaan (de)	rustende vulkaan	[rustendə fulkān]

uitbarsting (de)	uitbarsting	[œitbarstiŋ]
krater (de)	krater	[kratər]
magma (het)	magma	[maχma]
lava (de)	lawa	[lava]

gloeiend (~e lava)	gloeiende	[χlujendə]
kloof (canyon)	diepkloof	[dip·kloəf]
bergkloof (de)	kloof	[kloəf]
spleet (de)	skeur	[skøər]
afgrond (de)	afgrond	[afχront]

bergpas (de)	bergpas	[berχ·pas]
plateau (het)	plato	[plato]
klip (de)	krans	[kraŋs]
heuvel (de)	kop	[kop]

gletsjer (de)	gletser	[χletsər]
waterval (de)	waterval	[vatər·fal]
geiser (de)	geiser	[χæəjsər]
meer (het)	meer	[meər]

vlakte (de)	vlakte	[flaktə]
landschap (het)	landskap	[landskap]
echo (de)	eggo	[εχχo]

alpinist (de)	alpinis	[alpinis]
bergbeklimmer (de)	bergklimmer	[berχ·klimmər]
trotseren (berg ~)	baasraak	[bäsräk]
beklimming (de)	beklimming	[beklimmiŋ]

169. Rivieren

rivier (de)	rivier	[rifir]
bron (~ van een rivier)	bron	[bron]
rivierbedding (de)	rivierbed	[rifir·bet]
rivierbekken (het)	stroomgebied	[stroəm·χebit]
uitmonden in ...	uitmond in ...	[œitmont in ...]

| zijrivier (de) | syrivier | [saj·rifir] |
| oever (de) | oewer | [uvər] |

stroming (de)	stroming	[stromiŋ]
stroomafwaarts (bw)	stroomafwaarts	[stroəm·afvärts]
stroomopwaarts (bw)	stroomopwaarts	[stroəm·opvärts]

overstroming (de)	oorstroming	[oərstromiŋ]
overstroming (de)	oorstroming	[oərstromiŋ]
buiten zijn oevers treden	oor sy walle loop	[oər saj vallə loəp]
overstromen (ww)	oorstroom	[oərstroəm]

| zandbank (de) | sandbank | [sand·bank] |
| stroomversnelling (de) | stroomversnellings | [stroəm·fersnεlliŋs] |

dam (de)	damwal	[dam·wal]
kanaal (het)	kanaal	[kanäl]
spaarbekken (het)	opgaardam	[opχär·dam]
sluis (de)	sluis	[slœis]
waterlichaam (het)	dam	[dam]
moeras (het)	moeras	[muras]

broek (het)	vlei	[flæj]
draaikolk (de)	draaikolk	[drãj·kolk]

stroom (de)	spruit	[sprœit]
drink- (abn)	drink-	[drink-]
zoet (~ water)	vars	[fars]

ijs (het)	ys	[ajs]
bevriezen (rivier, enz.)	bevries	[befris]

170. Bos

bos (het)	bos	[bos]
bos- (abn)	bos-	[bos-]

oerwoud (dicht bos)	woud	[væʊt]
bosje (klein bos)	boord	[boərt]
open plek (de)	oopte	[oəptə]

struikgewas (het)	struikgewas	[strœik·χevas]
struiken (mv.)	struikveld	[strœik·fɛlt]

paadje (het)	paadjie	[pãdʒi]
ravijn (het)	donga	[donχa]

boom (de)	boom	[boəm]
blad (het)	blaar	[blãr]
gebladerte (het)	blare	[blarə]

vallende bladeren (mv.)	val van die blare	[fal fan di blarə]
vallen (ov. de bladeren)	val	[fal]
boomtop (de)	boomtop	[boəm·top]

tak (de)	tak	[tak]
ent (de)	tak	[tak]
knop (de)	knop	[knop]
naald (de)	naald	[nãlt]
dennenappel (de)	dennebol	[dɛnnə·bol]

boom holte (de)	holte	[holtə]
nest (het)	nes	[nes]
hol (het)	gat	[χat]

stam (de)	stam	[stam]
wortel (bijv. boom~s)	wortel	[vortəl]
schors (de)	bas	[bas]
mos (het)	mos	[mos]

ontwortelen (een boom)	ontwortel	[ontwortəl]
kappen (een boom ~)	omkap	[omkap]
ontbossen (ww)	ontbos	[ontbos]
stronk (de)	boomstomp	[boəm·stomp]
kampvuur (het)	kampvuur	[kampfɪr]
bosbrand (de)	bosbrand	[bos·brant]

blussen (ww)	**blus**	[blus]
boswachter (de)	**boswagter**	[bos·waχtər]
bescherming (de)	**beskerming**	[beskermiŋ]
beschermen	**beskerm**	[beskerm]
(bijv. de natuur ~)		
stroper (de)	**wildstroper**	[vilt·stropər]
val (de)	**slagyster**	[slaχ·ajstər]
plukken (vruchten, enz.)	**pluk**	[pluk]
verdwalen (de weg kwijt zijn)	**verdwaal**	[ferdwāl]

171. Natuurlijke hulpbronnen

natuurlijke rijkdommen (mv.)	**natuurlike bronne**	[natɪrlikə bronnə]
delfstoffen (mv.)	**minerale**	[mineralə]
lagen (mv.)	**lae**	[laə]
veld (bijv. olie~)	**veld**	[fɛlt]

winnen (uit erts ~)	**myn**	[majn]
winning (de)	**myn**	[majn]
erts (het)	**erts**	[ɛrts]
mijn (bijv. kolenmijn)	**myn**	[majn]
mijnschacht (de)	**mynskag**	[majn·skaχ]
mijnwerker (de)	**mynwerker**	[majn·werkər]

gas (het)	**gas**	[χas]
gasleiding (de)	**gaspyp**	[χas·pajp]

olie (aardolie)	**olie**	[oli]
olieleiding (de)	**olipypleiding**	[oli·pajp·læjdiŋ]
oliebron (de)	**oliebron**	[oli·bron]
boortoren (de)	**boortoring**	[boər·toriŋ]
tanker (de)	**tenkskip**	[tɛnk·skip]

zand (het)	**sand**	[sant]
kalksteen (de)	**kalksteen**	[kalksteən]
grind (het)	**gruis**	[χrœis]
veen (het)	**veengrond**	[feənχront]
klei (de)	**klei**	[klæj]
steenkool (de)	**steenkool**	[steən·koəl]

ijzer (het)	**yster**	[ajstər]
goud (het)	**goud**	[χæʉt]
zilver (het)	**silwer**	[silwər]
nikkel (het)	**nikkel**	[nikkəl]
koper (het)	**koper**	[kopər]

zink (het)	**sink**	[sink]
mangaan (het)	**mangaan**	[manχān]
kwik (het)	**kwik**	[kwik]
lood (het)	**lood**	[loət]

mineraal (het)	**mineraal**	[minerāl]
kristal (het)	**kristal**	[kristal]

| marmer (het) | **marmer** | [marmər] |
| uraan (het) | **uraan** | [urãn] |

De Aarde. Deel 2

172. Weer

weer (het)	**weer**	[veǝr]
weersvoorspelling (de)	**weersvoorspelling**	[veǝrs·foǝrspɛlliŋ]
temperatuur (de)	**temperatuur**	[temperatır]
thermometer (de)	**termometer**	[termometǝr]
barometer (de)	**barometer**	[barometǝr]
vochtig (bn)	**klam**	[klam]
vochtigheid (de)	**vogtigheid**	[foχtiχæjt]
hitte (de)	**hitte**	[hittǝ]
heet (bn)	**heet**	[heǝt]
het is heet	**dis vrekwarm**	[dis frekvarm]
het is warm	**dit is warm**	[dit is varm]
warm (bn)	**louwarm**	[læʊvarm]
het is koud	**dis koud**	[dis kæʊt]
koud (bn)	**koud**	[kæʊt]
zon (de)	**son**	[son]
schijnen (de zon)	**skyn**	[skajn]
zonnig (~e dag)	**sonnig**	[sonnǝχ]
opgaan (ov. de zon)	**opkom**	[opkom]
ondergaan (ww)	**ondergaan**	[ondǝrχān]
wolk (de)	**wolk**	[volk]
bewolkt (bn)	**bewolk**	[bevolk]
regenwolk (de)	**reënwolk**	[rɛɛn·wolk]
somber (bn)	**somber**	[sombǝr]
regen (de)	**reën**	[rɛɛn]
het regent	**dit reën**	[dit rɛɛn]
regenachtig (bn)	**reënerig**	[rɛɛnerǝχ]
motregenen (ww)	**motreën**	[motrɛɛn]
plensbui (de)	**stortbui**	[stortbœi]
stortbui (de)	**reënvlaag**	[rɛɛn·flāχ]
hard (bn)	**swaar**	[swār]
plas (de)	**poeletjie**	[pulǝki]
nat worden (ww)	**nat word**	[nat vort]
mist (de)	**mis**	[mis]
mistig (bn)	**mistig**	[mistǝχ]
sneeuw (de)	**sneeu**	[sniʊ]
het sneeuwt	**dit sneeu**	[dit sniʊ]

173. Zwaar weer. Natuurrampen

noodweer (storm)	donderstorm	[dondər·storm]
bliksem (de)	weerlig	[veərləχ]
flitsen (ww)	flits	[flits]
donder (de)	donder	[dondər]
donderen (ww)	donder	[dondər]
het dondert	dit donder	[dit dondər]
hagel (de)	hael	[haəl]
het hagelt	dit hael	[dit haəl]
overstromen (ww)	oorstroom	[oərstroəm]
overstroming (de)	oorstroming	[oərstromiŋ]
aardbeving (de)	aardbewing	[ārd·beviŋ]
aardschok (de)	aardskok	[ārd·skok]
epicentrum (het)	episentrum	[ɛpisentrum]
uitbarsting (de)	uitbarsting	[œitbarstiŋ]
lava (de)	lawa	[lava]
wervelwind (de)	tornado	[tornado]
windhoos (de)	tornado	[tornado]
tyfoon (de)	tifoon	[tifoən]
orkaan (de)	orkaan	[orkān]
storm (de)	storm	[storm]
tsunami (de)	tsunami	[tsunami]
cycloon (de)	sikloon	[sikloən]
onweer (het)	slegte weer	[sleχtə veər]
brand (de)	brand	[brant]
ramp (de)	ramp	[ramp]
meteoriet (de)	meteoriet	[meteorit]
lawine (de)	lawine	[lavinə]
sneeuwverschuiving (de)	sneeulawine	[sniʊ·lavinə]
sneeuwjacht (de)	sneeustorm	[sniʊ·storm]
sneeuwstorm (de)	sneeustorm	[sniʊ·storm]

Fauna

174. Zoogdieren. Roofdieren

roofdier (het)	**roofdier**	[roəf·dir]
tijger (de)	**tier**	[tir]
leeuw (de)	**leeu**	[liʊ]
wolf (de)	**wolf**	[volf]
vos (de)	**vos**	[fos]
jaguar (de)	**jaguar**	[jaχuar]
luipaard (de)	**luiperd**	[lœipert]
jachtluipaard (de)	**jagluiperd**	[jaχ·lœipert]
panter (de)	**swart luiperd**	[swart lœipert]
poema (de)	**poema**	[puma]
sneeuwluipaard (de)	**sneeuluiperd**	[sniʊ·lœipert]
lynx (de)	**los**	[los]
coyote (de)	**prêriewolf**	[præri·volf]
jakhals (de)	**jakkals**	[jakkals]
hyena (de)	**hiëna**	[hiɛna]

175. Wilde dieren

dier (het)	**dier**	[dir]
beest (het)	**beest**	[beəst]
eekhoorn (de)	**eekhoring**	[eəkhoriŋ]
egel (de)	**krimpvarkie**	[krimpfarki]
haas (de)	**hasie**	[hasi]
konijn (het)	**konyn**	[konajn]
das (de)	**das**	[das]
wasbeer (de)	**wasbeer**	[vasbeər]
hamster (de)	**hamster**	[hamstər]
marmot (de)	**marmot**	[marmot]
mol (de)	**mol**	[mol]
muis (de)	**muis**	[mœis]
rat (de)	**rot**	[rot]
vleermuis (de)	**vlermuis**	[fler·mœis]
hermelijn (de)	**hermelyn**	[hermələjn]
sabeldier (het)	**sabel, sabeldier**	[sabəl], [sabəl·dir]
marter (de)	**marter**	[martər]
wezel (de)	**wesel**	[vesəl]
nerts (de)	**nerts**	[nerts]

| bever (de) | bewer | [bevər] |
| otter (de) | otter | [ottər] |

paard (het)	perd	[pert]
eland (de)	eland	[ɛlant]
hert (het)	hert	[hert]
kameel (de)	kameel	[kameəl]

bizon (de)	bison	[bison]
oeros (de)	wisent	[visent]
buffel (de)	buffel	[buffəl]

zebra (de)	sebra, kwagga	[sebra], [kwaχχa]
antilope (de)	wildsbok	[vilds·bok]
ree (de)	reebok	[reəbok]
damhert (het)	damhert	[damhert]
gems (de)	gems	[χems]
everzwijn (het)	wildevark	[vildə·fark]

walvis (de)	walvis	[valfis]
rob (de)	seehond	[seə·hont]
walrus (de)	walrus	[valrus]
zeehond (de)	seebeer	[seə·beər]
dolfijn (de)	dolfyn	[dolfajn]

beer (de)	beer	[beər]
ijsbeer (de)	ysbeer	[ajs·beər]
panda (de)	panda	[panda]

aap (de)	aap	[āp]
chimpansee (de)	sjimpansee	[ʃimpaŋseə]
orang-oetan (de)	orangoetang	[oranχutaŋ]
gorilla (de)	gorilla	[χorilla]
makaak (de)	makaak	[makāk]
gibbon (de)	gibbon	[χibbon]

olifant (de)	olifant	[olifant]
neushoorn (de)	renoster	[renostər]
giraffe (de)	kameelperd	[kameəl·pert]
nijlpaard (het)	seekoei	[seə·kui]

| kangoeroe (de) | kangaroe | [kanχaru] |
| koala (de) | koala | [koala] |

mangoest (de)	muishond	[mœis·hont]
chinchilla (de)	chinchilla, tjintjilla	[tʃin·tʃila]
stinkdier (het)	stinkmuishond	[stinkmœis·hont]
stekelvarken (het)	ystervark	[ajstər·fark]

176. Huisdieren

poes (de)	kat	[kat]
kater (de)	kater	[katər]
hond (de)	hond	[hont]

paard (het)	perd	[pert]
hengst (de)	hings	[hiŋs]
merrie (de)	merrie	[merri]

koe (de)	koei	[kui]
stier (de)	bul	[bul]
os (de)	os	[os]

schaap (het)	skaap	[skãp]
ram (de)	ram	[ram]
geit (de)	bok	[bok]
bok (de)	bokram	[bok·ram]

| ezel (de) | donkie, esel | [donki], [eisəl] |
| muilezel (de) | muil | [mœil] |

varken (het)	vark	[fark]
biggetje (het)	varkie	[farki]
konijn (het)	konyn	[konajn]

| kip (de) | hoender, hen | [hundər], [hen] |
| haan (de) | haan | [hãn] |

eend (de)	eend	[eent]
woerd (de)	mannetjieseend	[mannəkis·eent]
gans (de)	gans	[χaŋs]

| kalkoen haan (de) | kalkoenmannetjie | [kalkun·mannəki] |
| kalkoen (de) | kalkoen | [kalkun] |

huisdieren (mv.)	huisdiere	[hœis·dirə]
tam (bijv. hamster)	mak	[mak]
temmen (tam maken)	mak maak	[mak mãk]
fokken (bijv. paarden ~)	teel	[teəl]

boerderij (de)	plaas	[plãs]
gevogelte (het)	pluimvee	[plœimfeə]
rundvee (het)	beeste	[beəstə]
kudde (de)	kudde	[kuddə]

paardenstal (de)	stal	[stal]
zwijnenstal (de)	varkstal	[fark·stal]
koeienstal (de)	koeistal	[kui·stal]
konijnenhok (het)	konynehok	[konajnə·hok]
kippenhok (het)	hoenderhok	[hundər·hok]

177. Honden. Hondenrassen

hond (de)	hond	[hont]
herdershond (de)	herdershond	[herdərs·hont]
Duitse herdershond (de)	**Duitse herdershond**	[dœitsə herdərs·hont]
poedel (de)	poedel	[pudəl]
teckel (de)	worshond	[vors·hont]
buldog (de)	bulhond	[bul·hont]

boxer (de)	**bokser**	[boksər]
mastiff (de)	**mastiff**	[mastif]
rottweiler (de)	**Rottweiler**	[rottwæjlər]
doberman (de)	**Dobermann**	[dobermann]

basset (de)	**basset**	[basset]
bobtail (de)	**bobtail**	[bobtajl]
dalmatièr (de)	**Dalmatiese hond**	[dalmatisə hont]
cockerspaniël (de)	**sniphond**	[snip·hont]

newfoundlander (de)	**Newfoundlander**	[njufæʊntlandər]
sint-bernard (de)	**Sint Bernard**	[sint bernart]

poolhond (de)	**poolhond, husky**	[pulhont], [huski]
chowchow (de)	**chowchow**	[tʃau·tʃau]
spits (de)	**spitshond**	[spits·hont]
mopshond (de)	**mopshond**	[mops·hont]

178. Dierengeluiden

geblaf (het)	**geblaf**	[χeblaf]
blaffen (ww)	**blaf**	[blaf]
miauwen (ww)	**miaau**	[miãu]
spinnen (katten)	**spin**	[spin]

loeien (ov. een koe)	**loei**	[lui]
brullen (stier)	**bulk**	[bulk]
grommen (ov. de honden)	**grom**	[χrom]

gehuil (het)	**gehuil**	[χehœil]
huilen (wolf, enz.)	**huil**	[hœil]
janken (ov. een hond)	**tjank**	[tʃank]

mekkeren (schapen)	**blêr**	[blær]
knorren (varkens)	**snork**	[snork]
gillen (bijv. varken)	**gil**	[χil]

kwaken (kikvorsen)	**kwaak**	[kwãk]
zoemen (hommel, enz.)	**zoem**	[zum]
tjirpen (sprinkhanen)	**kriek**	[krik]

179. Vogels

vogel (de)	**voël**	[foɛl]
duif (de)	**duif**	[dœif]
mus (de)	**mossie**	[mossi]
koolmees (de)	**mees**	[meəs]
ekster (de)	**ekster**	[ɛkstər]

raaf (de)	**raaf**	[rãf]
kraai (de)	**kraai**	[krãi]
kauw (de)	**kerkkraai**	[kerk·krãi]

roek (de)	roek	[ruk]
eend (de)	eend	[eent]
gans (de)	gans	[χaŋs]
fazant (de)	fisant	[fisant]
arend (de)	arend	[arɛnt]
havik (de)	sperwer	[sperwər]
valk (de)	valk	[falk]
gier (de)	aasvoël	[āsfoɛl]
condor (de)	kondor	[kondor]
zwaan (de)	swaan	[swān]
kraanvogel (de)	kraanvoël	[krān·foɛl]
ooievaar (de)	ooievaar	[ojefãr]
papegaai (de)	papegaai	[papəχāi]
kolibrie (de)	kolibrie	[kolibri]
pauw (de)	pou	[pæʋ]
struisvogel (de)	volstruis	[folstrœis]
reiger (de)	reier	[ræjer]
flamingo (de)	flamink	[flamink]
pelikaan (de)	pelikaan	[pelikān]
nachtegaal (de)	nagtegaal	[naχteχāl]
zwaluw (de)	swael	[swaəl]
lijster (de)	lyster	[lajstər]
zanglijster (de)	sanglyster	[saŋlajstər]
merel (de)	merel	[merəl]
gierzwaluw (de)	windswael	[vindswaəl]
leeuwerik (de)	lewerik	[leverik]
kwartel (de)	kwartel	[kwartəl]
specht (de)	speg	[speχ]
koekoek (de)	koekoek	[kukuk]
uil (de)	uil	[œil]
oehoe (de)	ooruil	[oərœil]
auerhoen (het)	auerhoen	[ɔuer·hun]
korhoen (het)	korhoen	[korhun]
patrijs (de)	patrys	[patrajs]
spreeuw (de)	spreeu	[spriʋ]
kanarie (de)	kanarie	[kanari]
hazelhoen (het)	bonasa hoen	[bonasa hun]
vink (de)	gryskoppie	[χrajskoppi]
goudvink (de)	bloedvink	[bludfink]
meeuw (de)	seemeeu	[seəmiʋ]
albatros (de)	albatros	[albatros]
pinguïn (de)	pikkewyn	[pikkəvajn]

180. Vogels. Zingen en geluiden

fluiten, zingen (ww)	fluit	[flœit]
schreeuwen (dieren, vogels)	roep	[rup]
kraaien (ov. een haan)	kraai	[krãi]
kukeleku	koekelekoe	[kukeleku]
klokken (hen)	kekkel	[kɛkkəl]
krassen (kraai)	kras	[kras]
kwaken (eend)	kwaak	[kwãk]
piepen (kuiken)	piep	[pip]
tjilpen (bijv. een mus)	tjilp	[tʃilp]

181. Vis. Zeedieren

brasem (de)	brasem	[brasem]
karper (de)	karp	[karp]
baars (de)	baars	[bãrs]
meerval (de)	katvis, seebaber	[katfis], [see·babər]
snoek (de)	snoek	[snuk]
zalm (de)	salm	[salm]
steur (de)	steur	[støər]
haring (de)	haring	[hariŋ]
atlantische zalm (de)	atlantiese salm	[atlantisə salm]
makreel (de)	makriel	[makril]
platvis (de)	platvis	[platfis]
snoekbaars (de)	varswatersnoek	[farswatər·snuk]
kabeljauw (de)	kabeljou	[kabeljæʊ]
tonijn (de)	tuna	[tuna]
forel (de)	forel	[forəl]
paling (de)	paling	[paliŋ]
sidderrog (de)	drilvis	[drilfis]
murene (de)	bontpaling	[bontpaliŋ]
piranha (de)	piranha	[piranha]
haai (de)	haai	[hãi]
dolfijn (de)	dolfyn	[dolfajn]
walvis (de)	walvis	[valfis]
krab (de)	krap	[krap]
kwal (de)	jellievis	[jelli·fis]
octopus (de)	seekat	[see·kat]
zeester (de)	seester	[see·stər]
zee-egel (de)	see-egel, seekastaiing	[see·eχel], [see·kastajiŋ]
zeepaardje (het)	seeperdjie	[see·perdʒi]
oester (de)	oester	[ustər]
garnaal (de)	garnaal	[χarnãl]

| kreeft (de) | kreef | [kreəf] |
| langoest (de) | seekreef | [seə·kreəf] |

182. Amfibieën. Reptielen

| slang (de) | slang | [slaŋ] |
| giftig (slang) | giftig | [χiftəχ] |

adder (de)	adder	[addər]
cobra (de)	kobra	[kobra]
python (de)	luislang	[lœislaŋ]
boa (de)	boa, konstriktorslang	[boa], [koŋstriktor·slaŋ]

ringslang (de)	ringslang	[riŋ·slaŋ]
ratelslang (de)	ratelslang	[ratəl·slaŋ]
anaconda (de)	anakonda	[anakonda]

hagedis (de)	akkedis	[akkedis]
leguaan (de)	leguaan	[leχuān]
varaan (de)	likkewaan	[likkevān]
salamander (de)	salamander	[salamandər]
kameleon (de)	verkleurmannetjie	[ferkløər·manneki]
schorpioen (de)	skerpioen	[skerpiun]

schildpad (de)	skilpad	[skilpat]
kikker (de)	padda	[padda]
pad (de)	brulpadda	[brul·padda]
krokodil (de)	krokodil	[krokodil]

183. Insecten

insect (het)	insek	[insek]
vlinder (de)	skoenlapper	[skunlappər]
mier (de)	mier	[mir]
vlieg (de)	vlieg	[fliχ]
mug (de)	muskiet	[muskit]
kever (de)	kewer	[kevər]

wesp (de)	perdeby	[perdə·baj]
bij (de)	by	[baj]
hommel (de)	hommelby	[homməl·baj]
horzel (de)	perdevlieg	[perdə·fliχ]

| spin (de) | spinnekop | [spinnə·kop] |
| spinnenweb (het) | spinnerak | [spinnə·rak] |

libel (de)	naaldekoker	[nāldə·kokər]
sprinkhaan (de)	sprinkaan	[sprinkān]
nachtvlinder (de)	mot	[mot]

| kakkerlak (de) | kakkerlak | [kakkerlak] |
| teek (de) | bosluis | [boslœis] |

| vlo (de) | vlooi | [floj] |
| kriebelmug (de) | muggie | [muχχi] |

treksprinkhaan (de)	treksprinkhaan	[trek·sprinkhān]
slak (de)	slak	[slak]
krekel (de)	kriek	[krik]
glimworm (de)	vuurvliegie	[fɪrfliχi]
lieveheersbeestje (het)	lieweheersbesie	[livehɛərs·besi]
meikever (de)	lentekewer	[lentekevər]

bloedzuiger (de)	bloedsuier	[blud·sœiər]
rups (de)	ruspe	[ruspə]
aardworm (de)	erdwurm	[ɛrd·vurm]
larve (de)	larwe	[larvə]

184. Dieren. Lichaamsdelen

snavel (de)	snawel	[snavəl]
vleugels (mv.)	vlerke	[flerkə]
poot (ov. een vogel)	poot	[poət]
verenkleed (het)	vere	[ferə]
veer (de)	veer	[feər]
kuifje (het)	kuif	[kœif]

kieuwen (mv.)	kiewe	[kivə]
kuit, dril (de)	viseiers	[fisæjers]
larve (de)	larwe	[larvə]
vin (de)	vin	[fin]
schubben (mv.)	skubbe	[skubbə]

slagtand (de)	slagtand	[slaχtant]
poot (bijv. ~ van een kat)	poot	[poət]
muil (de)	muil	[mœil]
bek (mond van dieren)	bek	[bek]
staart (de)	stert	[stert]
snorharen (mv.)	snor	[snor]

| hoef (de) | hoef | [huf] |
| hoorn (de) | horing | [horiŋ] |

schild (schildpad, enz.)	rugdop	[ruχdop]
schelp (de)	skulp	[skulp]
eierschaal (de)	eierdop	[æjer·dop]

| vacht (de) | pels | [pɛls] |
| huid (de) | vel | [fəl] |

185. Dieren. Leefomgevingen

leefgebied (het)	habitat	[habitat]
migratie (de)	migrasie	[miχrasi]
berg (de)	berg	[berχ]

| rif (het) | **rif** | [rif] |
| klip (de) | **rots** | [rots] |

bos (het)	**woud**	[væʊt]
jungle (de)	**oerwoud**	[urwæʊt]
savanne (de)	**veld**	[fɛlt]
toendra (de)	**toendra**	[tundra]

steppe (de)	**steppe**	[stɛppə]
woestijn (de)	**woestyn**	[vustajn]
oase (de)	**oase**	[oasə]

zee (de)	**see**	[seə]
meer (het)	**meer**	[meər]
oceaan (de)	**oseaan**	[oseān]

moeras (het)	**moeras**	[muras]
zoetwater- (abn)	**varswater**	[fars·vatər]
vijver (de)	**dam**	[dam]
rivier (de)	**rivier**	[rifir]

berenhol (het)	**hol**	[hol]
nest (het)	**nes**	[nes]
boom holte (de)	**holte**	[holtə]
hol (het)	**gat**	[χat]
mierenhoop (de)	**miershoop**	[mirs·hoəp]

Flora

186. Bomen

boom (de)	boom	[boəm]
loof- (abn)	bladwisselend	[bladwisselent]
dennen- (abn)	kegeldraend	[keχɛldraent]
groenblijvend (bn)	immergroen	[immərχrun]

appelboom (de)	appelboom	[appɛl·boəm]
perenboom (de)	peerboom	[peər·boəm]
kers (de)	kersieboom	[kersi·boəm]
zoete kers (de)	soetkersieboom	[sutkersi·boəm]
zure kers (de)	suurkersieboom	[sɪrkersi·boəm]
pruimelaar (de)	pruimeboom	[prœime·boəm]

berk (de)	berk	[berk]
eik (de)	eik	[æjk]
linde (de)	lindeboom	[lində·boəm]

| esp (de) | trilpopulier | [trilpopulir] |
| esdoorn (de) | esdoring | [ɛsdoriŋ] |

spar (de)	spar	[spar]
den (de)	denneboom	[dɛnnə·boəm]
lariks (de)	lorkeboom	[lorkə·boəm]

| zilverspar (de) | den | [den] |
| ceder (de) | seder | [sedər] |

| populier (de) | populier | [populir] |
| lijsterbes (de) | lysterbessie | [lajstərbɛssi] |

| wilg (de) | wilger | [vilχər] |
| els (de) | els | [ɛls] |

| beuk (de) | beuk | [bøək] |
| iep (de) | olm | [olm] |

| es (de) | esboom | [ɛs·boəm] |
| kastanje (de) | kastaiing | [kastajiŋ] |

magnolia (de)	magnolia	[maχnolia]
palm (de)	palm	[palm]
cipres (de)	sipres	[sipres]

mangrove (de)	wortelboom	[vortəl·boəm]
baobab (apenbroodboom)	kremetart	[kremetart]
eucalyptus (de)	bloekom	[blukom]
mammoetboom (de)	mammoetboom	[mammut·boəm]

187. Heesters

struik (de)	**struik**	[strœik]
heester (de)	**bossie**	[bossi]
wijnstok (de)	**wingerdstok**	[viŋərd·stok]
wijngaard (de)	**wingerd**	[viŋərt]
frambozenstruik (de)	**framboosstruik**	[framboəs·strœik]
zwarte bes (de)	**swartbessiestruik**	[swartbɛssi·strœik]
rode bessenstruik (de)	**rooi aalbessiestruik**	[roj ālbɛssi·strœik]
kruisbessenstruik (de)	**appelliefiestruik**	[appɛllifi·strœik]
acacia (de)	**akasia**	[akasia]
zuurbes (de)	**suurbessie**	[sɪr·bɛssi]
jasmijn (de)	**jasmyn**	[jasmajn]
jeneverbes (de)	**jenewer**	[jenevər]
rozenstruik (de)	**roosstruik**	[roəs·strœik]
hondsroos (de)	**hondsroos**	[honds·roəs]

188. Champignons

paddenstoel (de)	**paddastoel**	[paddastul]
eetbare paddenstoel (de)	**eetbare paddastoel**	[eətbarə paddastul]
giftige paddenstoel (de)	**giftige paddastoel**	[χiftiχə paddastul]
hoed (de)	**hoed**	[hut]
steel (de)	**steel**	[steəl]
gewoon eekhoorntjesbrood (het)	**Eetbare boleet**	[eətbarə boleət]
rosse populierenboleet (de)	**rooihoed**	[rojhut]
berkenboleet (de)	**berkboleet**	[berk·boleət]
cantharel (de)	**dooierswam**	[dojer·swam]
russula (de)	**russula**	[russula]
morielje (de)	**morielje**	[morilje]
vliegenzwam (de)	**vlieëswam**	[fliɛ·swam]
groene knolamaniet (de)	**duiwelsbrood**	[dœivɛls·broət]

189. Vruchten. Bessen

vrucht (de)	**vrug**	[fruχ]
vruchten (mv.)	**vrugte**	[fruχtə]
appel (de)	**appel**	[appəl]
peer (de)	**peer**	[peər]
pruim (de)	**pruim**	[prœim]
aardbei (de)	**aarbei**	[ãrbæj]
kers (de)	**kersie**	[kersi]

zure kers (de)	suurkersie	[sɪr·kersi]
zoete kers (de)	soetkersie	[sut·kersi]
druif (de)	druif	[drœif]

framboos (de)	framboos	[framboəs]
zwarte bes (de)	swartbessie	[swartbɛssi]
rode bes (de)	rooi aalbessie	[roj ālbɛssi]
kruisbes (de)	appelliefie	[appɛllifi]
veenbes (de)	bosbessie	[bosbɛssi]

sinaasappel (de)	lemoen	[lemun]
mandarijn (de)	nartjie	[narki]
ananas (de)	pynappel	[pajnappəl]
banaan (de)	piesang	[pisaŋ]
dadel (de)	dadel	[dadəl]

citroen (de)	suurlemoen	[sɪr·lemun]
abrikoos (de)	appelkoos	[appɛlkoəs]
perzik (de)	perske	[perskə]
kiwi (de)	kiwi, kiwivrug	[kivi], [kivi·fruχ]
grapefruit (de)	pomelo	[pomelo]

bes (de)	bessie	[bɛssi]
bessen (mv.)	bessies	[bɛssis]
vossenbes (de)	pryselbessie	[prajsɛlbɛssi]
bosaardbei (de)	wilde aarbei	[vildə ārbæj]
bosbes (de)	bloubessie	[blæʊbɛssi]

190. Bloemen. Planten

bloem (de)	blom	[blom]
boeket (het)	boeket	[buket]

roos (de)	roos	[roəs]
tulp (de)	tulp	[tulp]
anjer (de)	angelier	[anχelir]
gladiool (de)	swaardlelie	[swārd·leli]

korenbloem (de)	koringblom	[koriŋblom]
klokje (het)	grasklokkie	[χras·klokki]
paardenbloem (de)	perdeblom	[perdə·blom]
kamille (de)	kamille	[kamillə]

aloë (de)	aalwyn	[ālwajn]
cactus (de)	kaktus	[kaktus]
ficus (de)	rubberplant	[rubbər·plant]

lelie (de)	lelie	[leli]
geranium (de)	malva	[malfa]
hyacint (de)	hiasint	[hiasint]

mimosa (de)	mimosa	[mimosa]
narcis (de)	narsing	[narsiŋ]
Oostindische kers (de)	kappertjie	[kapperki]

orchidee (de)	orgidee	[orχideə]
pioenroos (de)	pinksterroos	[pinkstər·roəs]
viooltje (het)	viooltjie	[fioəlki]

driekleurig viooltje (het)	gesiggie	[χesiχi]
vergeet-mij-nietje (het)	vergeet-my-nietjie	[ferχeət-maj-niki]
madeliefje (het)	madeliefie	[madelifi]

papaver (de)	papawer	[papavər]
hennep (de)	hennep	[hɛnnəp]
munt (de)	kruisement	[krœisəment]

lelietje-van-dalen (het)	dallelie	[dalleli]
sneeuwklokje (het)	sneeuklokkie	[sniʊ·klokki]

brandnetel (de)	brandnetel	[brant·netəl]
veldzuring (de)	veldsuring	[fɛltsuriŋ]
waterlelie (de)	waterlelie	[vatər·leli]
varen (de)	varing	[fariŋ]
korstmos (het)	korsmos	[korsmos]

oranjerie (de)	broeikas	[bruikas]
gazon (het)	grasperk	[χras·perk]
bloemperk (het)	blombed	[blom·bet]

plant (de)	plant	[plant]
gras (het)	gras	[χras]
grasspriet (de)	grasspriet	[χras·sprit]

blad (het)	blaar	[blār]
bloemblad (het)	kroonblaar	[kroən·blār]
stengel (de)	stingel	[stiŋəl]
knol (de)	knol	[knol]

scheut (de)	saailing	[sājliŋ]
doorn (de)	doring	[doriŋ]

bloeien (ww)	bloei	[blui]
verwelken (ww)	verlep	[ferlep]
geur (de)	reuk	[røək]
snijden (bijv. bloemen ~)	sny	[snaj]
plukken (bloemen ~)	pluk	[pluk]

191. Granen, graankorrels

graan (het)	graan	[χrān]
graangewassen (mv.)	graangewasse	[χrān·χəwassə]
aar (de)	aar	[ār]

tarwe (de)	koring	[koriŋ]
rogge (de)	rog	[roχ]
haver (de)	hawer	[havər]
gierst (de)	gierst	[χirst]
gerst (de)	gars	[χars]

maïs (de)	mielie	[mili]
rijst (de)	rys	[rajs]
boekweit (de)	bokwiet	[bokwit]

erwt (de)	ertjie	[ɛrki]
boon (de)	nierboon	[nir·boən]
soja (de)	soja	[soja]
linze (de)	lensie	[lɛŋsi]
bonen (mv.)	boontjies	[boənkis]

REGIONALE AARDRIJKSKUNDE

Landen. Nationaliteiten

192. Politiek. Overheid. Deel 1

politiek (de)	politiek	[politik]
politiek (bn)	politieke	[politikə]
politicus (de)	politikus	[politikus]
staat (land)	staat	[stāt]
burger (de)	burger	[burgər]
staatsburgerschap (het)	burgerskap	[burgərskap]
nationaal wapen (het)	nasionale wapen	[naʃionalə vapen]
volkslied (het)	volkslied	[folkslit]
regering (de)	regering	[reχeriŋ]
staatshoofd (het)	staatshoof	[stāts·hoəf]
parlement (het)	parlement	[parlement]
partij (de)	partij	[partij]
kapitalisme (het)	kapitalisme	[kapitalismə]
kapitalistisch (bn)	kapitalis	[kapitalis]
socialisme (het)	sosialisme	[soʃialismə]
socialistisch (bn)	sosialis	[soʃialis]
communisme (het)	kommunisme	[kommunismə]
communistisch (bn)	kommunis	[kommunis]
communist (de)	kommunis	[kommunis]
democratie (de)	demokrasie	[demokrasi]
democraat (de)	demokraat	[demokrāt]
democratisch (bn)	demokraties	[demokratis]
democratische partij (de)	Demokratiese party	[demokratisə partaj]
liberaal (de)	liberaal	[liberāl]
liberaal (bn)	liberaal	[liberāl]
conservator (de)	konservatief	[kɔŋserfatif]
conservatief (bn)	konservatief	[kɔŋserfatif]
republiek (de)	republiek	[republik]
republikein (de)	republikein	[republikæjn]
Republikeinse Partij (de)	Republikeinse Party	[republikæjnsə partaj]
verkiezing (de)	verkiesings	[ferkisiŋs]
kiezen (ww)	verkies	[ferkis]

| kiezer (de) | kieser | [kisər] |
| verkiezingscampagne (de) | verkiesingskampanje | [ferkisiŋs·kampanje] |

stemming (de)	stemming	[stɛmmiŋ]
stemmen (ww)	stem	[stem]
stemrecht (het)	stemreg	[stem·reχ]

| kandidaat (de) | kandidaat | [kandidāt] |
| campagne (de) | kampanje | [kampanje] |

| oppositie- (abn) | opposisie | [opposisi] |
| oppositie (de) | opposisie | [opposisi] |

bezoek (het)	besoek	[besuk]
officieel bezoek (het)	amptelike besoek	[amptelike besuk]
internationaal (bn)	internasionaal	[internaʃionāl]

| onderhandelingen (mv.) | onderhandelinge | [ondərhandeliŋə] |
| onderhandelen (ww) | onderhandel | [ondərhandəl] |

193. Politiek. Overheid. Deel 2

maatschappij (de)	samelewing	[sameleviŋ]
grondwet (de)	grondwet	[χront·wet]
macht (politieke ~)	mag	[maχ]
corruptie (de)	korrupsie	[korrupsi]

| wet (de) | wet | [vet] |
| wettelijk (bn) | wetlik | [vetlik] |

| rechtvaardigheid (de) | geregtigheid | [χereχtiχæjt] |
| rechtvaardig (bn) | regverdig | [reχferdəχ] |

comité (het)	komitee	[komiteə]
wetsvoorstel (het)	wetsontwerp	[vetsontwerp]
begroting (de)	begroting	[beχrotiŋ]
beleid (het)	beleid	[belæjt]
hervorming (de)	hervorming	[herformiŋ]
radicaal (bn)	radikaal	[radikāl]

macht (vermogen)	mag	[maχ]
machtig (bn)	magtig	[maχtəχ]
aanhanger (de)	ondersteuner	[ondərstøənər]
invloed (de)	invloed	[influt]

regime (het)	bewind	[bevint]
conflict (het)	konflik	[konflik]
samenzwering (de)	sameswering	[sameswəriŋ]
provocatie (de)	uitdaging	[œitdaχiŋ]

omverwerpen (ww)	omvergooi	[omferχoj]
omverwerping (de)	omvergooi	[omferχoj]
revolutie (de)	revolusie	[refolusi]
staatsgreep (de)	staatsgreep	[stāts·χreəp]

militaire coup (de)	militère staatsgreep	[militærə stãtsχreəp]
crisis (de)	krisis	[krisis]
economische recessie (de)	ekonomiese agteruitgang	[ɛkonomisə aχtər·œitχaŋ]
betoger (de)	betoër	[betoɛr]
betoging (de)	demonstrasie	[demɔŋstrasi]
krijgswet (de)	krygswet	[krajχs·wet]
militaire basis (de)	militère basis	[militærə basis]

| stabiliteit (de) | stabiliteit | [stabilitæjt] |
| stabiel (bn) | stabiel | [stabil] |

| uitbuiting (de) | uitbuiting | [œitbœitiŋ] |
| uitbuiten (ww) | uitbuit | [œitbœit] |

racisme (het)	rassisme	[rassismə]
racist (de)	rassis	[rassis]
fascisme (het)	fascisme	[faʃismə]
fascist (de)	fascis	[faʃis]

194. Landen. Diversen

vreemdeling (de)	vreemdeling	[freəmdeliŋ]
buitenlands (bn)	vreemd	[freəmt]
in het buitenland (bw)	in die buiteland	[in di bœitəlant]

emigrant (de)	emigrant	[ɛmiχrant]
emigratie (de)	emigrasie	[ɛmiχrasi]
emigreren (ww)	emigreer	[ɛmiχreər]

Westen (het)	die Weste	[di vestə]
Oosten (het)	die Ooste	[di oəstə]
Verre Oosten (het)	die Verre Ooste	[di ferrə oəstə]

beschaving (de)	beskawing	[beskaviŋ]
mensheid (de)	mensdom	[mɛŋsdom]
wereld (de)	die wèreld	[di værəlt]
vrede (de)	vrede	[fredə]
wereld- (abn)	wèreldwyd	[værəlt·wajt]

vaderland (het)	vaderland	[fadər·lant]
volk (het)	volk	[folk]
bevolking (de)	bevolking	[befolkiŋ]
mensen (mv.)	mense	[mɛŋsə]
natie (de)	nasie	[nasi]
generatie (de)	generasie	[χenerasi]

gebied (bijv. bezette ~en)	gebied	[χebit]
regio, streek (de)	streek	[streək]
deelstaat (de)	staat	[stãt]

traditie (de)	tradisie	[tradisi]
gewoonte (de)	gebruik	[χebrœik]
ecologie (de)	ekologie	[ɛkoloχi]
Indiaan (de)	Indiaan	[indiãn]

zigeuner (de)	Sigeuner	[siχøənər]
zigeunerin (de)	Sigeunerin	[siχøənərin]
zigeuner- (abn)	sigeuner-	[siχøənər-]

rijk (het)	rijk	[rijk]
kolonie (de)	kolonie	[koloni]
slavernij (de)	slawerny	[slavərnaj]
invasie (de)	invasie	[infasi]
hongersnood (de)	hongersnood	[hoŋərsnoət]

195. Grote religieuze groepen. Bekentenissen

| religie (de) | godsdiens | [χodsdiŋs] |
| religieus (bn) | godsdienstig | [χodsdiŋstəχ] |

geloof (het)	geloof	[χeloəf]
geloven (ww)	glo	[χlo]
gelovige (de)	gelowige	[χeloviχə]

| atheïsme (het) | ateïsme | [ateïsmə] |
| atheïst (de) | ateïs | [ateïs] |

christendom (het)	Christendom	[χristəndom]
christen (de)	Christen	[χristən]
christelijk (bn)	Christelik	[χristəlik]

katholicisme (het)	Katolisisme	[katolisismə]
katholiek (de)	Katoliek	[katolik]
katholiek (bn)	katoliek	[katolik]

protestantisme (het)	Protestantisme	[protestantismə]
Protestante Kerk (de)	Protestantse Kerk	[protestantsə kerk]
protestant (de)	Protestant	[protestant]

orthodoxie (de)	Ortodoksie	[ortodoksi]
Orthodoxe Kerk (de)	Ortodokse Kerk	[ortodoksə kerk]
orthodox	Ortodoks	[ortodoks]

presbyterianisme (het)	Presbiterianisme	[presbiterianismə]
Presbyteriaanse Kerk (de)	Presbiteriaanse Kerk	[presbiteriāŋsə kerk]
presbyteriaan (de)	Presbiteriaan	[presbitəriān]

| lutheranisme (het) | Lutheranisme | [luteranismə] |
| lutheraan (de) | Lutheraan | [lutərān] |

| baptisme (het) | Baptistiese Kerk | [baptistisə kerk] |
| baptist (de) | Baptis | [baptis] |

| Anglicaanse Kerk (de) | Anglikaanse Kerk | [anχlikāŋsə kerk] |
| anglicaan (de) | Anglikaan | [anχlikān] |

mormonisme (het)	Mormonisme	[mormonismə]
mormoon (de)	Mormoon	[mormoən]
Jodendom (het)	Jodendom	[jodɛndom]

jood (aanhanger van het Jodendom)	Jood	[joət]
boeddhisme (het)	Boeddhisme	[buddismə]
boeddhist (de)	Boeddhis	[buddis]

hindoeïsme (het)	Hindoeïsme	[hinduïsmə]
hindoe (de)	Hindoe	[hindu]

islam (de)	Islam	[islam]
islamiet (de)	Islamiet	[islamit]
islamitisch (bn)	Islamities	[islamitis]

sjiisme (het)	Sjia Islam	[ʃia islam]
sjiiet (de)	Sjiït	[ʃiït]

soennisme (het)	Sunni Islam	[sunni islam]
soenniet (de)	Sunniet	[sunnit]

196. Religies. Priesters

priester (de)	priester	[pristər]
paus (de)	die Pous	[di pæʊs]

monnik (de)	monnik	[monnik]
non (de)	non	[non]
pastoor (de)	pastoor	[pastoər]

abt (de)	ab	[ap]
vicaris (de)	priester	[pristər]
bisschop (de)	biskop	[biskop]
kardinaal (de)	kardinaal	[kardināl]

predikant (de)	predikant	[predikant]
preek (de)	preek	[preək]
kerkgangers (mv.)	kerkgangers	[kerk·χaŋərs]

gelovige (de)	gelowige	[χeloviχə]
atheïst (de)	ateïs	[ateïs]

197. Geloof. Christendom. Islam

Adam	Adam	[adam]
Eva	Eva	[efa]

God (de)	God	[χot]
Heer (de)	die Here	[di herə]
Almachtige (de)	die Almagtige	[di almaχtiχə]

zonde (de)	sonde	[sondə]
zondigen (ww)	sondig	[sondəχ]
zondaar (de)	sondaar	[sondār]
zondares (de)	sondares	[sondares]

hel (de)	hel	[həl]
paradijs (het)	paradys	[paradajs]

Jezus	Jesus	[jesus]
Jezus Christus	Jesus Christus	[jesus χristus]

Heilige Geest (de)	die Heilige Gees	[di hæjliχə χees]
Verlosser (de)	die Verlosser	[di ferlossər]
Maagd Maria (de)	die Maagd Maria	[di mãχt maria]

duivel (de)	die duiwel	[di dœivəl]
duivels (bn)	duiwels	[dœivɛls]
Satan	Satan	[satan]
satanisch (bn)	satanies	[satanis]

engel (de)	engel	[ɛŋəl]
beschermengel (de)	beskermengel	[beskerm·eŋəl]
engelachtig (bn)	engelagtig	[ɛŋəlaχtəχ]

apostel (de)	apostel	[apostəl]
aartsengel (de)	aartsengel	[ārtseŋəl]
antichrist (de)	die antichris	[di antiχris]

Kerk (de)	Kerk	[kerk]
bijbel (de)	Bybel	[bajbəl]
bijbels (bn)	bybels	[bajbəls]

Oude Testament (het)	Ou Testament	[æʊ testament]
Nieuwe Testament (het)	Nuwe Testament	[nuvə testament]
evangelie (het)	evangelie	[ɛfanχəli]
Heilige Schrift (de)	Heilige Skrif	[hæjliχə skrif]
Hemel, Hemelrijk (de)	hemel	[heməl]

gebod (het)	gebod	[χebot]
profeet (de)	profeet	[profeət]
profetie (de)	profesie	[profesi]

Allah	Allah	[allah]
Mohammed	Mohammed	[mohammet]
Koran (de)	die Koran	[di koran]

moskee (de)	moskee	[moskeə]
moellah (de)	moella	[mulla]
gebed (het)	gebed	[χebet]
bidden (ww)	bid	[bit]

pelgrimstocht (de)	pelgrimstog	[pɛlχrimstoχ]
pelgrim (de)	pelgrim	[pɛlχrim]
Mekka	Mecca	[mɛkka]

kerk (de)	kerk	[kerk]
tempel (de)	tempel	[tempəl]
kathedraal (de)	katedraal	[katedrāl]
gotisch (bn)	Goties	[χotis]
synagoge (de)	sinagoge	[sinaχoχə]
moskee (de)	moskee	[moskeə]

kapel (de)	kapel	[kapəl]
abdij (de)	abdy	[abdaj]
klooster (het)	klooster	[kloəstər]

klok (de)	klok	[klok]
klokkentoren (de)	kloktoring	[klok·toriŋ]
luiden (klokken)	lui	[lœi]

kruis (het)	kruis	[krœis]
koepel (de)	koepel	[kupəl]
icoon (de)	ikoon	[ikoən]

ziel (de)	siel	[sil]
lot, noodlot (het)	noodlot	[noədlot]
kwaad (het)	die bose	[di bosə]
goed (het)	goed	[χut]

vampier (de)	vampier	[fampir]
heks (de)	heks	[heks]
demoon (de)	demoon	[demoən]
geest (de)	gees	[χeəs]

| verzoeningsleer (de) | versoening | [fersuniŋ] |
| vrijkopen (ww) | verlos | [ferlos] |

mis (de)	kerkdies	[kerkdis]
de mis opdragen	die mis opdra	[di mis opdra]
biecht (de)	bieg	[biχ]
biechten (ww)	bieg	[biχ]

heilige (de)	heilige	[hæjliχə]
heilig (bn)	heilig	[hæjləχ]
wijwater (het)	wywater	[vaj·vatər]

ritueel (het)	ritueel	[ritueəl]
ritueel (bn)	ritueel	[ritueəl]
offerande (de)	offerande	[offerandə]

bijgeloof (het)	bygeloof	[bajχəloəf]
bijgelovig (bn)	bygelowig	[bajχələvəχ]
hiernamaals (het)	hiernamaals	[hirna·māls]
eeuwige leven (het)	ewige lewe	[ɛviχə levə]

DIVERSEN

198. Diverse nuttige woorden

achtergrond (de)	agtergrond	[aχtərχront]
balans (de)	balans	[balaŋs]
basis (de)	basis	[basis]
begin (het)	begin	[beχin]
beurt (wie is aan de ~?)	beurt	[bøərt]
categorie (de)	kategorie	[kateχori]
comfortabel (~ bed, enz.)	gemaklik	[χemaklik]
compensatie (de)	kompensasie	[kompɛnsasi]
deel (gedeelte)	deel	[deəl]
deeltje (het)	deeltjie	[deəlki]
ding (object, voorwerp)	ding	[diŋ]
dringend (bn, urgent)	dringend	[driŋən]
dringend (bw, met spoed)	dringend	[driŋən]
effect (het)	effek	[ɛffek]
eigenschap (kwaliteit)	eienskap	[æjeŋskap]
einde (het)	einde	[æjndə]
element (het)	element	[ɛlement]
feit (het)	feit	[fæjt]
fout (de)	fout	[fæʋt]
geheim (het)	geheim	[χəhæjm]
graad (mate)	graad	[χrãt]
groei (ontwikkeling)	groei	[χrui]
hindernis (de)	hindernis	[hindərnis]
hinderpaal (de)	hinderpaal	[hindərpãl]
hulp (de)	hulp	[hulp]
ideaal (het)	ideaal	[ideãl]
inspanning (de)	inspanning	[inspanniŋ]
keuze (een grote ~)	keuse	[køəsə]
labyrint (het)	labirint	[labirint]
manier (de)	manier	[manir]
moment (het)	moment	[moment]
nut (bruikbaarheid)	nut	[nut]
onderscheid (het)	verskil	[ferskil]
ontwikkeling (de)	ontwikkeling	[ontwikkeliŋ]
oplossing (de)	oplossing	[oplossiŋ]
origineel (het)	origineel	[oriχineəl]
pauze (de)	pouse	[pæʋsə]
positie (de)	posisie	[posisi]
principe (het)	beginsel	[beχinsəl]

probleem (het)	probleem	[probleəm]
proces (het)	proses	[proses]
reactie (de)	reaksie	[reaksi]

reden (om ~ van)	rede	[redə]
risico (het)	risiko	[risiko]
samenvallen (het)	toeval	[tufal]
serie (de)	reeks	[reəks]

situatie (de)	toestand	[tustant]
soort (bijv. ~ sport)	soort	[soərt]
standaard (bn)	standaard	[standãrt]
standaard (de)	standaard	[standãrt]
stijl (de)	styl	[stajl]

stop (korte onderbreking)	pouse	[pæʊsə]
systeem (het)	sisteem	[sisteəm]
tabel (bijv. ~ van Mendelejev)	tabel	[tabəl]
tempo (langzaam ~)	tempo	[tempo]
term (medische ~en)	term	[term]

type (soort)	tipe	[tipə]
variant (de)	variant	[fariant]
veelvuldig (bn)	gereeld	[χereəlt]
vergelijking (de)	vergelyking	[ferχelajkiŋ]
voorbeeld (het goede ~)	voorbeeld	[foərbeəlt]

voortgang (de)	vooruitgang	[foərœitχaŋ]
voorwerp (ding)	objek	[objek]
vorm (uiterlijke ~)	vorm	[form]
waarheid (de)	waarheid	[vãrhæjt]
zone (de)	sone	[sonə]